丝路物语 书系

主编 李炳武

四川博物院

风物荟萃
毓天府

本册主编 张丽华 刘舜尧

西安出版社

图书在版编目（CIP）数据

　　风物荟萃毓天府：四川博物院 / 张丽华，刘舜尧
主编. — 西安：西安出版社，2021.12（2024.4重印）
　　ISBN 978-7-5541-5767-1

　　Ⅰ．①风… Ⅱ．①张… ②刘… Ⅲ．①博物馆－历史
文物－介绍－四川 Ⅳ．①K872.71

　　中国版本图书馆CIP数据核字(2021)第237392号

风物荟萃毓天府

四川博物院

FENGWU HUICUI YUTIANFU
SICHUAN BOWUYUAN

主　编：张丽华　刘舜尧

出 版 人：屈炳耀
策划编辑：李宗保　张正原
项目统筹：张正原
责任编辑：陈梅宝
美术编辑：李　坤
责任印制：尹　苗
出版发行：西安出版社
社　　址：西安市曲江新区
　　　　　雁南五路1868号影视演艺大厦11层
电　　话：（029）85253740
邮政编码：710061

印　　刷：三河市华东印刷有限公司
开　　本：787mm×1092mm　1/16
印　　张：14.5
字　　数：148千
版　　次：2021年12月第1版
印　　次：2024年4月第2次印刷
书　　号：ISBN 978-7-5541-5767-1
定　　价：78.00元

如有印刷、装订问题，本社负责另换。

阅读文物 拥抱文明

郑欣淼

文物所折射出的恒久魅力，已为越来越多的人所认识。今天呈现在读者面前的这部"丝路物语"书系，就是这一魅力的具体体现。

"让收藏在博物馆里的文物、陈列在广阔大地上的遗产、书写在古籍里的文字都活起来。"党的十八大以来，习近平总书记担负着实现中华民族伟大复兴的历史重任，饱含着对传统文化的深厚感情，让文物活起来始终为其所关注、所思考。让文物活起来，就是深入挖掘文物的内涵，充分发挥文物的作用。中国文物是中华民族的文明印记和精神标识，是全体中国人乃至全人类的珍贵财富；它对于激发人民群众对中华优秀传统文化的了解、认同和热爱，坚定文化自信、汇聚发展力量等作用是不言而喻的。

近年来，一些优秀的文物类书籍、综艺节目、纪录片、文化创意产品等不断涌现，文化遗产元素成为国家外交的桥梁，文物逐渐成为"网红"并受到越来越多年轻人的青睐，这些都充分彰显着"让文物活起来"已逐渐从理念转化为行动，那些在历史长河中积淀下来的文物珍存正在不断走近百姓、融入时代、面向世界。

说到文物，不能不把眼光聚焦于丝绸之路。人类社会交往的渴望推动了世界文明间的相互交融和渗透，中华文明与其他古代文明很早就发生接触，相互影响，相互交流。直到 1877 年，德国地理学家李希霍芬在他的著作《中国——我的旅行成果》里首次提出了"丝绸之路"的概念。近半个世纪以来，随着考古发现和学术研究的不断深入，丝绸之路极大地开阔了人们的视野。特别是"一带一路"倡议的全面推进，丝绸之路研究更成为国际显学。在古代文明交流史上，丝绸之路无疑是极其璀璨的一笔。它承载着千年古史，编织着四方文明。也正因为丝绸之路无与伦比的历史积淀，形成了独特的历史文化遗产，其数量之大、等级之高、类型之丰富、序列之完整、影响之深远，都是世所公认的。神秘悠远的古代城址、波澜壮阔的长城关隘烽燧遗址、精美绝伦的艺术品、气势磅礴的帝王陵墓、灿若星辰的宫观寺庙、瑰丽壮美的石窟寺……数不清道不尽的文物珍宝，足以使任何参观者流连忘返，叹为观止。2014 年，"丝绸之路：长安—天山廊道的路网"成功跻身《世界遗产名录》，使丝绸之路迎来了新的历史机遇，也对广大文化文物工作者提出了新的要求。

　　"让文物说话，把历史智慧告诉人们。"这是习近平总书记的谆谆嘱托。中华文化优雅如斯，如何让文物说话，飞入寻常百姓家，是当下无数文化界人士亟待攻坚的课题，亦是他们光荣的使命。客观来讲，丝绸之路方面的论著硕果累累，但从一般读者角度，特别是从当下文化与旅游结合角度着眼的作品不多，十分需要一套全面系统地介绍丝绸之路文物故事的读物。令人欣喜的是，西安出版社组织策划了这套颇具规模的"丝路物语"书系，并由李炳武先生担任主编，弥补了这一缺憾。李炳武先生曾经长期在文物文化领域工作，也主持过"中华国宝·陕西珍贵文物集成""长安学丛书"和《陕西文物旅游博览》等大型文物类图书的编纂工作，得到了业界的充分肯定；加之丛书的作者都是有专业素养的学者，从而保证了书稿的质量。

如何驾驭丝绸之路这样一个纵贯远古到当今、横贯地中海到华夏大地的话题，对于所有编写者来说，都是具有挑战性的。这套书的优点或者说特点，可以概括为以下几个方面：

这套书最大的一个优点，就是大而全。从宏观的视野，用简明的线条，对丝绸之路沿线的博物馆、大遗址进行了全景式梳理，精心遴选主要文物，将这些国宝的历史、艺术和科学价值在字里行间一一呈现。

丝绸之路文化遗产类型丰富，作者在文中并没有局限于文物本身的解读，还根据文物的特点做了大量的知识拓展，包括服饰的流变，宗教的传播，马匹的驯化，葡萄等水果的东传，纸张的发明和不断改进，医学的发展，乐器、绘画、雕刻、建筑、织物、陶瓷等视觉艺术的交互影响，等等。其中既有交往的结果，也有战争的推动。总体而言，这些内容是讲述丝绸之路时所不可或缺的内容，使读者透过文物认识了丝绸之路丰富的文化内涵。

值得称道的是，这套书采取探索与普及相结合的方式，图文并茂，力求避免学究气的艰涩笔调，加入故事性、趣味性，使文字更具可读性，达到雅俗共赏的目的。通过图书这一载体，使读者能够静静地品味和欣赏这些文物，传达出对历史的沉思和感悟，完善自己对文物、丝绸之路和文化的认知。开卷有益，读过这套书后，相信读者都会收获多多，文物在其眼中也将会是另一番面貌。

我们有幸正处于坚持以人民为中心的改革发展伟大时代，每一件文物，都维系着民族的精神，让文物活起来，定会深入人心、蔚为大观。此次李炳武先生请我写序，初颇踌躇，披卷读来，犹如一场旅行，神游历史时空之浩渺无垠，遐思华夏文化之博大精深。兼善天下，感物化人历来是每一个中国知识分子的精神所属，若序言能为一部作品锦上添花，进而为普及民众的文物保护意识起到促进作用，何乐而不为？

是为序。

· 郑欣淼 · ···

原中国文化部副部长、故宫博物院原院长、中华诗词学会会长、著名历史文化学者。

丝路物语话沧桑

李炳武

2013 年 9 月，中国国家主席习近平访问哈萨克斯坦时，在纳扎尔巴耶夫大学发表演讲，首次提出共同构建"丝绸之路经济带"的宏伟倡议。2014 年 6 月，"丝绸之路：长安 — 天山廊道的路网"成功跻身《世界遗产名录》。

丝绸之路是世界上路线最长、影响最大的文化线路。丝绸之路是指起始于古代中国的政治、经济、文化中心——古都长安（今西安）连接亚洲、非洲和欧洲的古代陆上商业贸易路线。它跨越陇山山脉，穿过河西走廊，通过玉门关和阳关，抵达新疆，沿绿洲和帕米尔高原通过中亚、西亚和北非，最终抵达非洲和欧洲，向南延伸到印度次大陆。这条伟大的道路沟通了中国、印度、希腊三大文明，全长上万千米。它是一条东方与西方之间经济、政治、文化进行交流的主要道路，促进了欧亚非大陆不同国家、不同文明在商贸、宗教、文化以及民族等方面的交流与融合，为人类社会的共同发展和繁荣作出了卓越贡献。

公元前 138 年，使者张骞受汉武帝派遣从陇西出发，出使月氏。13 年中，他的足迹遍布天山南北和中亚、西亚各地。在随后的 2000 多年间，无数商贾、旅人沿着张骞的足迹，穿越驼铃叮当的沙漠、炊烟袅袅的草原、飞沙走石的戈壁，来往于各国之间，带来了来自其他文明的玻璃、红酒、马匹，宗教、科技和艺术，带走了中国的丝绸、漆器、瓷器和四大发明，举世闻名的丝绸之路渐渐形成。

用"丝绸之路"来形容古代中国与西方的文明交流通道，最早出自德国著名地理学家李希霍芬 1877 年所著的《中国——我的旅行成果》一书。由于这个命名贴切写实而又富有诗意，很快得到学术界的认可，并风靡世界。

近年来，丝绸之路迎来了新的历史机遇，沿丝绸之路寻访探秘的人络绎不绝。发展丝路经济，研究丝路文明，观赏丝路文物成了新时代的社会热潮。中央文化产业发展专项资金资助项目"丝路物语"书系，便应运而生。在本书和读者见面之际，作为长安学研究者、"丝路物语"书系的主编，就该书的选题范围、研究对象、编写特色及意义赘述于下：

"丝路物语"书系，以"丝绸之路：长安—天山廊道的路网"遗产及相关博物馆为选题范围。该遗产项目的线路跨度近 5000 千米，沿线包括了中心城镇遗迹，商贸城市、聚落遗迹，交通遗迹，宗教遗迹和关联遗迹五类代表性遗迹，以及沿途丰富的特色地理环境。共计包括三个国家的33 处遗产点，其中吉尔吉斯斯坦境内 3 处，哈萨克斯坦境内 8 处，中国境内 22 处。属丝绸之路东段的重要组成部分，在丝绸之路交通与交流体系中具有独特的起始地位和突出的代表性。它形成于公元前 2 世纪，兴盛于公元 6 至 14 世纪，沿用至公元 16 世纪，连接了东亚和中亚大陆上的中原地区、河西走廊、天山南北与七河地区四个地理区域，分布于今中华人民共和国、哈萨克斯坦共和国和吉尔吉斯共和国境内。沿线遗迹或壮观巍峨，或鬼斧神工，或华丽精美，见证了欧亚大陆在公元前 2 世纪至公元 16 世纪之间人类文明进步的重要阶段，以及在这段时间内多元文化并存的鲜明特色。

"丝路物语"书系，每册聚焦古丝绸之路上的一座博物馆、一处古遗址或一座石窟寺，力求立体全面地展示丝绸之路上的历史遗存、人文故事和风土人情。这是一套丝绸之路旅游观光的文化指南，从中可观赏到汉代桑蚕基地的鎏金铜蚕，饱览敦煌石窟飞天的婀娜多姿，聆听丝路古道上的声声驼铃。古丝绸之路是人类文明的宝贵遗产，记录着社会的沧桑巨变，承载丝路文明的"丝路物语"书系也将成为一部启封丝路文明的记忆之书。

"丝路物语"书系，以阐释文物为重点。文物是中华民族的精神标识。"让收藏在博物馆里的文物、陈列在广阔大地上的遗产、书写在古籍里的文字都活起来。"这对于激发人民群众对中华优秀传统文化的了解、认同和热爱，坚定文化自信，汇聚发展力量不可小觑。

文物是不可再生的国之珍宝，从中可折射出人类文明的恒久魅力。对文化的认同感与归属感应当成为一种生活状态。我们以梳理丝绸之路沿线博物馆馆藏文物、石窟寺或大遗址为契机，从文化的立场阐释文物的历史意义，每篇文章涵盖了文物信息的描述、历史背景的介绍、文物价值的分享和知识链接等板块，在聚焦视角上兼顾学术作品的思想层与通俗作品的故事层双重属性，清晰地再现文物从物质性到精神性的深层转变，着力探讨文物作为一种精神力量对历史的启迪。系列图书用时空线索描绘丝绸之路的卓越风华，为读者梳理丝绸之路的文化影响，以文物揭示历史规律，彰显更深层、更本质的文化自信，激发读者的民族自豪感。"丝路物语"书系以文物为研究对象，从中甄选国宝菁华，讲述它们的前世今生。试图让读者从中感受始皇地下军团的烈烈秦风，惊叹西汉马踏匈奴的雄浑奔放，仰慕大唐《阙楼仪仗图》的盛世恢宏，这是一部积淀文化自信的启智之作。

"丝路物语"书系，以互动可读为特色。在大众传媒多元数字化的背景下，综合运用现代科技推动文化传播进入一个崭新的领域，相契于文字的解读，更透出传统文化的深邃意蕴。为多维度营造文化解读的可能性，吸引更多公众喜欢阅读文物书籍，"丝路物语"可谓设计精良，处处体现出反复构思、创新的态度。设计重点关注视觉交流的层面，借助丰富的图像资料和多媒体技术大幅强化传统文化元素可视、可听、可观的直接特征，有效提升文化遗产多维度的观感效果。古人著书立说重字画兼备，"宣物莫大于言，存形莫善于画"，所以由"图""书"合称。本书系选用了大量专业文物图片，整体、局部、多角度展示，让读者在阅读文字之余通过精美的图片感受文化的震撼与感动，让读者更好地认知历史、感知经典，体验当代创新之趣。

"丝路物语"书系，以弘扬互利共赢的丝路精神为使命。"丝绸之路：长安—天山廊道的路网"在古老的华夏文明中心和其他历史悠久的区域性文明中心之间建立起长距离的交通联系，在游牧与农耕、东方与西方等文明交流中具有重要意义，并见证了古代亚欧非大陆人类文明与文化发展的主要脉络及若干重要历史阶段，以及突出的多元文化特征，是人类进行长距离交通、商贸、文化、宗教、技术以及民族等方面长期交流与融合的文化线路杰出范例。

2000 多年前，我们的先辈筚路蓝缕，穿越草原沙漠，开辟出联通亚欧非的陆上丝绸之路。这不仅是一条通商易货之道，更是一条文化交流之路。沿着古丝绸之路，中国将丝绸、瓷器、漆器、铁器等传到西方，也获得了胡椒、亚麻、香料、葡萄、石榴……沿着古丝绸之路，佛教、伊斯兰教及阿拉伯的天文、历法、医药传入中国，中国的四大发明、养蚕技术也由此传向世界。更为重要的是，商品和文化交流带来了观念创新。比如，佛教源自印度，却在中国发扬光大，在东南亚得到传承。儒家文化起源于中国，却受到欧洲莱布尼茨、伏尔泰等思想家的推崇。这是交流的魅力，互鉴的成果。这些各国不同的异质文化，犹如新鲜血液，使不同文化肌体的脉搏跳动更为雄健有力。古丝绸之路绵亘万里，延续千年，积淀了以和平合作、开放包容、互学互鉴、互利共赢为核心的丝路精神。

新时代、新丝路、新长安。2017 年，习近平主席在"'一带一路'国际合作高峰论坛"上指出，古丝绸之路是"人类文明的宝贵遗产"。为让这些遗产、文物鲜活起来，西安出版社策划出版的"丝路物语"书系，承载着别样的期许与厚望，旨在以丝绸之路的隽永品格对话当代社会的文化建构，以高度的文化自觉唤醒当代社会的文化自信。

我们作为丝绸之路起点——长安的文化工作者，更应该饱含对传统文化的深厚感情，自觉担负起实现中华民族伟大复兴的历史重任，充分运用长安学的最新研究成果，为保护、研究和传承人类文明的宝贵遗产尽心尽力，助推"一带一路"伟大事业的蓬勃发展。

精品力作是出版社的立身之本，亦是文化工作者的社会担当。"丝路物语"书系的出版，凝聚着众多写作和编辑人员的思考与汗水。借此，特别感谢郑欣淼部长的热情赐序；感谢策划人、西安出版社社长屈炳耀先生的睿智选题与热情相邀；感谢相关遗址、博物馆领导的支持，富有专业素养的学者和摄影人员的精心创作；更要感谢西安出版社副总编辑李宗保和编辑张正原认真负责、卓有成效的工作。

"丝路物语"书系的出版虽为刍荛之议、管窥之见，但西安出版社聆听时代声音、承担时代使命以及致力于激活文化遗产、传播中国声音的决心定将引领其走向更远的未来。

是为序。

· 李炳武 ·
陕西省文物局原副局长、陕西省文史馆原馆长、"长安学"创始人、陕西师范大学国际长安学研究院首任院长、三秦文化研究会会长、长安学研究中心主任、著名历史文化学者。

四川博物院

西周牛首耳铜罍

092
东汉骆驼载乐画像砖
小小画像砖中的大千世界

086
东汉车马过桥画像砖
车辚辚 马萧萧

082
东汉制盐画像砖
我为四川代『盐』

078
东汉讲经画像砖
霓裳飘摇难觅踪

074
东汉西王母画像砖
传道授业解惑

070
东汉七盘舞杂技画像砖
定格千年 曼妙依旧

066
东汉翁仲石像
伏波故道风烟在 翁仲遗墟草树平

060
东汉酿酒画像砖
何以解忧 唯有杜康

056
东汉说唱俑
传承千年的说学逗唱

050
东汉摇钱树
通往神界的天梯

212
现代张大千临摹敦煌壁画
三年面壁 千年传承

202
清代四川皮影
灯影里跳动的精灵

196
明南渎大江神、二神妹铜像
晓来一雨过池塘 江渎祠前馆宇凉

190
明代龙首蟠螭纹白玉带钩
精雕细琢 玲珑华丽

184
蜀锦
女郎剪下鸳鸯锦 将向中流匹晚霞

178
宋龙泉窑青釉五管花插
五管花插承甘露 青瑶丛里出花枝

174
宋芙蓉花瓣纹金盏
满酌茶酒 花下醉春

162
德阳孝泉清真寺窖藏宋代银香器
篆香烧尽 日影下帘钩

148
德阳孝泉清真寺窖藏宋代银酒器
西楼促坐酒杯深 风压绣帘香不卷

目录

001 开篇词

002 商代青玉牙璋
玉石上的历史与信仰

006 彭县竹瓦街出土西周铜罍
国之重器 巴蜀重光

018 战国蜻蜓眼式玻璃珠
失落的珍宝

022 战国「邵之飤鼎」青铜鼎
古蜀开明的千年谜团

028 战国版「清明上河图」
战国嵌错宴乐水陆攻战纹铜壶

034 汉代彩绘跪坐执扇俑
物为我用 偃卧自如

038 汉犀牛铜灯
兰膏明烛 熠熠生辉

042 汉「蜀郡太守章」封泥
来自千年前的密封条

046 蜀汉庖厨俑
民以食为天 蜀汉尚美食

096 蜀汉错金铭文铜带钩
不爱江汉之珠 而爱巴蜀之钩

100 蜀汉景耀四年铜弩机
手挽硬弩 箭射敌甲

106 唐代滑石猪
似玉非玉 非珍却握

112 唐代邛窑绿釉省油灯
节能环保 非同一般

116 唐双鹊月宫盘龙铜镜
以人为镜 鉴古鉴今

120 唐代人首鸡身瓷俑
千秋万岁鸟 长生永寿梦

124 前蜀兔形谥宝
方寸之间 评定一生

130 前蜀玉大带
天生神物 堪配君王

136 蜀石经
书于金石 以传千秋

142 宋代广元窑黑釉兔毫盏
勿惊午盏兔毛斑 打出春瓯鹅儿酒

丝路物语

四川博物院

有着『天府之国』赞誉的成都平原，孕育了独具一格的文明。『蜀麻吴盐自古通，万斛之舟行若风。』四川作为丝绸之路的重要交汇点，通过多条商道与丝路沿线国家保持商贸往来。源远流长的文化积淀在这片土地上，给这个中国西南枢纽遗留下丰富的珍奇遗存。从1940年四川博物馆开始筹建，到2009年四川博物院乔迁新馆，这个饱经沧桑的文博单位，给我们展示了四川地区开放兼容的文化与艺术。

商代青玉牙璋

玉石上的历史与信仰

"济济辟王，左右奉璋"。玉璋是中国古代重要的礼器之一，很多先秦时期的大型墓葬中均有出土。四川广汉出土的这件商代青玉牙璋，是古蜀地区与中原文化交流的重要证明。

夏商周时期，是中华民族礼仪制度的起源和形成时期。在这过程中，玉逐渐被赋予越来越多的文化内涵，成为古人在朝觐、祭祀、聘享、馈赠等有关礼仪活动中所使用的重要器物，也成为王权时代帝王将相彰显地位和权威的神圣之物。据《周礼》记载，"以玉作六器，以礼天地四方"，六器为璧、琮、圭、璋、琥、璜，"以苍璧礼天，以黄琮礼地，以青圭礼东方，以赤璋礼南方，以白琥礼西方，以玄璜礼北方"。

玉璋形状如何？东汉许慎在《说文解字》中说"半圭为璋"，但是从目前出土的玉璋来看，形状比较丰富，或呈扁平条形，素面无纹；或端刃内呈弧形；或首端呈斜角；或上、下端皆微作斜角，器身两侧一边微弧，

青玉牙璋

商（前1600—前1046）
通高59.3厘米
四川广汉月亮湾燕家院子出土

一边似斜刃等。很多玉璋在下端阑部两侧有牙状突起，因而被称作"牙璋"。《周礼》中璋的种类有：赤璋、大璋、中璋、边璋、牙璋五种。我们可以把它们归纳为三类：第一类"赤璋"是用赤玉也是我们常说的玛瑙做的璋，是祭南方之神朱雀的礼器，因为古代以南方为赤色；第二类"大璋、中璋、边璋"是天子巡狩祭山用的；第三类"牙璋"是调兵遣将用的。

四川博物院收藏的这件玉璋呈灰黑色，上面布满白斑，玉质温润。它整体略呈长条形，扁平，尖锋，一尖高一尖低，刃部内凹较甚，呈"V"字形。另一端为长方形柄，柄上刻纹多道，下端阑部两侧多齿状扉棱向器身两侧充分展开，恍若张开的翅膀。整体器形甚薄，柄刃厚薄一致，是一件精美的牙璋。

　　前文提到璋，特别是牙璋还有一项重要的用途——"以起军旅，以治兵守"，可推测掌控牙璋之人必定是将帅之类手握兵权之人。掌璋的概念也被民间百姓延伸到日常的生活中。《诗经·小雅·斯干》记载："乃生男子，载寝之床，载衣之裳，载弄之璋。其泣喤喤，朱芾斯皇，室家君王。乃生女子，载寝之地，载衣之裼，载弄之瓦。无非无仪，唯酒食是议，无父母诒罹。"在古代，若是家里生了个儿子，就让他弄弄璋，培养出一点将帅和勇士的气质来。这样一来就出现了"弄璋"之俗，称生男孩为"弄璋"，贺人家生男就称为"弄璋之喜"了。

　　除了上述用途，这件玉璋的出土地和来源还讲述了一段关于文化交流和认同的历史。1929 年春天，广汉太平场鸭子河附近的真武宫对面，燕道诚和儿子燕青保在淘浚溪流的过程中，于溪底发现数十枚璧形石环，及石圭、玉琮、玉圈等。当时，燕青保正勾身扒泥巴，忽然看到一块白生生的大石环，他轻轻撬开石环，结果发现一大堆形状各异的玉石器，有大如磨盘的石璧，各式玉璋、玉琮等。这是三星堆遗址区域发现最早的一批文物。发现这些文物后，曾在衙门做事的燕道诚并没有立即将其拿走，而是重新掩埋，等到天黑之后全家出动，悄悄搬走了这一批玉石器。后来，这些玉石器有的被燕家送给了亲朋好友，有的则流失海外，下落不明。1949年以后，保护文物的观念逐渐深入人心，文博机构在当年玉石器出土现场进行调查和征集时，当地私藏者踊跃地将珍藏的文物捐赠给国家，交由文物部门保管收藏，这件玉璋便是其中之一。

从全国范围看，山东地区出土了龙山文化时期的造型独特的玉璋，随后在河南偃师二里头遗址又出土了大型牙璋，牙璋也成为二里头文化的标志性器物。说明随着中原文明的南向传播，其文化影响也波及长江流域，其中有一支西南挺进，深入四川盆地。成都平原出现的牙璋，可能是夏部族的一支辗转西迁带来的，司马迁所说"禹兴于西羌"也道出了古蜀国与夏的关系。三星堆遗址和金沙遗址中出现的大量的牙璋，印证了以玉璋为代表的礼玉在西南地区的传播。玉璋正是华夏文化与信仰认同的证据。

（刘舜尧）

彭县竹瓦街出土西周铜罍

国之重器 巴蜀重光

"国之大事，在祀与戎"。祭祀是商周时期国家政治生活的头等大事，青铜礼器则是祭祀的重要载体。四川彭县竹瓦街的青铜器窖藏，是古蜀地区与中原文明融合的重要标志。

罍，是流行于商周时期的大型盛酒器。罍的名称常见于文献中，如《诗经·卷耳》中提道："我姑酌彼金罍，维以不永怀。"《周礼·司尊彝》载："其朝践用两献尊……皆有罍。"《后汉书·班彪传》释："罍，酒器也，壶罍同训，是以此二器古每通称意。"由此可知，罍在先秦时期主要是以盛酒礼器的角色出现在历史舞台上。

"国之大事，在祀与戎"（《春秋左传》），"礼有五经，莫重于祭"（《礼记·祭统》），祭祀在商周时期的重要性堪比战争。祭祀活动中，青铜礼器是非常重要的角色，有着非同一般的地位，它们被广泛用于祭祀、丧葬等礼仪活动中，器类和数量视主人的地位高低而定，用以区别尊卑贵贱。巴蜀地区的青铜容器以罍和尊为主体，其中罍是数量最多、使用时间最长、纹饰最为繁缛的一种。

四川彭县竹瓦街（今属四川成都彭州市濛阳镇）先后于1959年和1980年两次发现青铜器窖藏，共出土青铜容器、兵器等40件。这两批青铜器在器型和纹饰上都有着相同的特征，属于同一时代。青铜容器有罍、尊、觯等，均为商代晚期和西周早期流行的器型。两个窖藏的器物组合均以罍为主体，1959年出土窖藏为一大四小五件罍，1980年出土窖藏为一大二中一小共四件罍，学者认为可视为列罍。这两次出土的器物应该分别为一组完整的礼器，在重要的宗教礼仪上使用，可能出于相似的原因，被分别装进陶缸窖藏了数千年。

1959年窖藏出土的列罍

1959年窖藏中的一大四小五件列罍，体现了当时蜀地"尚五"的风尚，这种现象在四川成都新都马家乡战国大墓中也有体现。

西周羊首六涡纹铜罍，有盖，直口，斜肩，鼓腹，圈足。罍盖为覆豆形，四面有立棱，立棱间凸铸有四个四合旋涡纹。罍的颈间及腹部至圈足四面有立棱。肩上饰立体盘角羊首双耳，并环列六个四合旋涡纹。腹下一面有牛首鋬。

西周羊首兽面纹铜罍，有盖，直口，束颈，鼓腹，圈足。通身以细云纹填地。罍盖上饰立体昂首蟠龙，角上出十字形枝杈，蟠龙前足踞于盖顶，盘尾为盖。罍肩上浮雕身鼻卷曲的夔龙，口下有小夔纹，尾后有鸟纹。肩

羊首六涡纹铜罍

西周（前1046—前771）

口径24厘米，腹径36厘米，通高69.5厘米

四川彭县竹瓦街出土

羊首兽面纹铜罍

西周（前1046—前771）
口径17.5厘米，腹径23.9厘米，通高约50厘米
四川彭县竹瓦街出土

兽面纹铜罍

西周（前1046—前771）
口径17.4厘米，腹径24厘米，通高47.8厘米
四川彭县竹瓦街出土

两侧一对兽首衔环耳，双耳间饰羊首。肩、腹以宽弦纹带分割，腹部饰大口巨目的兽面纹，下腹一侧有兽首錾。圈足平雕两对夔纹。

西周兽面纹铜罍，有盖，直口，束颈，鼓腹，圈足。通身以细云纹填地。盖饰立体昂首蟠龙，角上出枝杈，形似十字，前足踞于盖顶，盘尾为盖。肩上浮雕身鼻卷曲的夔龙，口下有小夔纹，尾后有鸟纹。肩两侧一对

四涡纹铜罍

西周（前1046—前771）
口径15.2厘米，腹径23.4厘米，通高36.9厘米
四川彭县竹瓦街出土

兽首耳衔环。肩、腹以宽弦纹带分割，腹饰大口巨目的兽面纹，下腹一侧
有兽首錾。圈足平雕两对夔纹。

西周四涡纹铜罍，覆豆形盖，直口，敛颈，鼓腹，器盖和肩上均有环
列的四个凸圆形四合旋涡纹，腹部饰二道弦纹，浮铸一羊头，对称兽头形
双耳。腹与圈足间饰一兽形錾。

六涡纹铜罍

西周（前1046—前771）
口径15厘米，腹径23厘米，通高38厘米
四川彭县竹瓦街出土

西周六涡纹铜罍，有盖，直口，敛颈，鼓腹，上部最宽，下收接于圈足。覆豆形盖，盖上为圈足形把手。盖上和器身上部均环列六个凸圆形四合旋涡纹，腹身上中部有一周凸弦纹带，带上饰以横联的山形纹，双耳饰以兽头，器腹下部另设一兽形鋬。

1980年窖藏出土的铜罍

1980年窖藏出土了一大二中一小四件罍，其中一大一中一小三件现藏四川博物院，另外一件现藏中国国家博物馆。

西周牛首耳铜罍，有盖，束颈，溜肩，鼓腹，圈足。盖为覆豆形，盖的捉手顶端饰一浮雕卷曲蟠龙，四周饕餮纹，冠饰为变形兽面纹；盖上饰两组相向而跪的牛，向中间一抽象人形做供奉状。器身肩部有两对相向而跪的牛，每对牛身各向一立体牛首形耳而跪，形成两组共首双身牛纹。牛尾之间各装饰有一个立体羊首，器身腹部装饰有一个牛首形鋬。颈、肩、圈足上各饰两道凸弦纹。该器通体素地，碧绿晶莹，纹饰简练，造型生动，堪称巴蜀西周铜器之重器。

西周象首耳卷体夔纹铜罍，直口，方唇，双耳，圈足。罍通体以雷纹为地。盔形盖，盖上饰四道鸟形扉棱，扉棱之间饰卷身夔纹，扉棱恰成夔龙的长鼻。肩腹之间饰立体象头双耳，腹下饰一兽形小鋬。自颈部至圈足，器身由四道扉棱纵向等分为四等份，其间铸四组相同的纹饰，每组纹饰分上、中、下三段；肩上中间为一蟠龙，两边间以夔纹；腹部为卷身鼓眼的

牛首耳铜罍

西周（前1046—前771）
口径24.8厘米，腹径41厘米，通高77.5厘米
四川彭县竹瓦街出土

象首耳卷体夔纹铜罍

西周（前1046—前771）
口径22.4厘米，腹径39厘米，通高74厘米
四川彭县竹瓦街出土

饕餮纹铜罍

西周（前1046—前771）
口径17厘米，腹径25厘米，通高45厘米
四川彭县竹瓦街出土

夔纹；圈足与下腹之间饰一跪牛。该罍主体突出，布局对称，构成瑰丽繁缛的图案。

西周饕餮纹铜罍，以云雷纹为地，盖上盘饰跪牛。器身肩上饰相向夔龙，张口露齿，一趾四爪，两夔之间，上饰一小兽首，下饰变形牛纹；腹部饰饕餮纹，其下有相向倒置夔纹；圈足上饰相向夔纹，间以变形牛头纹。

在1959年出土的器物中有两件铜觯，内底分别铸有"覃父癸""牧正父己"铭文，字体与中原的金文相同，应是来自中原的器物。历史学家徐中舒先生在《四川彭县濛阳镇出土的殷代二觯》一文中考定，"此诸殷器必为战利品，或为周王颁赐的掳获物。《尚书·牧誓》篇称武王伐纣的联军有'庸、蜀、羌、髳、征、卢、彭、濮'八个部族，现在有此二觯在四川出土而其埋藏年代又距周初开国时期不远，这正是蜀人参加武王伐纣之役最直接有利的物证。"这些青铜器的出土，证实了古蜀之师曾参与武王伐纣，同时也是古蜀文化融入华夏文明的见证。

（张丽华）

战国蜻蜓眼式玻璃珠

失落的珍宝

人类互相交流的脚步从未停止，中华文化在融合外来文明的基础上，创造出了丰富多彩的民族文化。四川成都羊子山遗址出土的战国蜻蜓眼式玻璃珠，是世界文化与中华文化、古蜀文化与中原文化融合的重要佐证。

蜻蜓眼式玻璃珠是指在单色玻璃珠的母体上镶进另外一种或几种不同于母体颜色的玻璃，构成同心圆图案，形成一层或多层眼睛纹样的效果；或者在珠体上造成凸出表面的眼睛形状，形成"鼓眼"。由于其很像蜻蜓的复眼，英文名称为"复合眼式珠"，中国学者大多称其为"蜻蜓眼式玻璃珠"。

四川博物院收藏了一颗蜻蜓眼式玻璃珠，1996年被鉴定为一级文物。这颗蜻蜓眼式玻璃珠于1953年在成都羊子山遗址207号战国墓中被发现。该件玻璃珠通体为圆球形，直径2厘米，中间有一圆形小穿孔，器表为墨绿色，嵌有24个浅蓝色底白圈的同心圆纹层状眼珠，并将这些同心圆纹

蜻蜓眼式玻璃珠

战国（前475—前221）

直径2厘米

四川成都羊子山遗址出土

　　层状眼珠用嵌入的小白点连接呈菱形。与之一起出土的还有陶釜、铜带钩、卵石、大半两、铜璜形饰、铜铃、玉璧等。

　　根据目前的考古资料记载，眼睛纹样最早起源于埃及。在古埃及的神话中，冥神奥西里斯与伊西斯之子荷鲁斯的眼睛非同寻常，他的左眼代表月亮，右眼代表太阳。荷鲁斯长大成人后，为了替父报仇，与其叔叔塞特神搏斗，荷鲁斯的左眼被塞特夺走。在月亮神孔斯的帮助下，在一个月圆之夜，荷鲁斯经过殊死搏斗，终于打败了塞特，将左眼夺回。后来，荷鲁斯将这只失而复得的眼睛献给了父亲奥西里斯。自此，荷鲁斯之眼就成为辨别善恶、捍卫健康与幸福的护身符，被古埃及人佩戴在孩子的脖子和手腕上以辟邪。很多贵重的珠宝也被铸造成荷鲁斯之眼的形象，图坦卡蒙的木乃伊上就戴着荷鲁斯之眼手镯。

　　世界上最早发现的蜻蜓眼式玻璃珠出现于古埃及的第十七王朝（前1650—前1550）与第二十王朝（前1187—前1075）时期之间。在古代西亚、北非以及欧洲的广大区域，"邪恶之眼"（Evil Eye）一直是源头古老、流传广泛的信仰对象。人们相信，有些人的眼睛里充满邪恶和巫术的力量，而恶眼第一次注视力量非常大，它的目光注视会对人、牲畜乃至无生命的物体造成伤害，带给人疾病、与他人之间的矛盾冲突，造成动物的死亡或者各类工具的损坏等。而佩戴护符可以吸收这种邪恶力量，驱赶妖魔，蜻蜓眼式玻璃珠就成为流传最广泛的护符。由于"恶眼意识"这种共同的信仰，蜻蜓眼式玻璃珠很快在北非、西亚以及南欧等地中海周边广泛流行。随着游牧民族的迁移、文化的交流，蜻蜓眼式玻璃珠及其制造技术不断向周边传播，并大致于西周中期至春秋中期在中国新疆出现；春秋晚期至战国早期，蜻蜓眼式玻璃珠在中原有少量发现，主要集中在内蒙古、山东、山西、河南、湖南；战国中晚期，湖南、湖北的蜻蜓眼式玻璃珠数量增多，并在四川、重庆、陕西、广东、河北等地出现；到秦至西汉时期，蜻蜓眼式玻璃珠的数量明显减少直至消失。

　　蜻蜓眼式玻璃珠"恶眼"的含义，随着其在中国的广泛传播和流行，也渐渐转变。早期作为舶来品，由于其性质独特、数量稀少，往往只有高级贵族才能把玩或作为装饰之物，文献中常常提到的所谓"随侯之珠"，有专家认为即蜻蜓眼式玻璃珠，为当时中国的六宝之一，可与和氏璧相提并论，相当珍贵。蜻蜓眼式玻璃珠传入到楚地后，被崇尚巫术、喜新好奇的楚人所接受，楚地工匠将中国特有的图案融入其中，并大量仿制，于是蜻蜓眼式玻璃珠流入民间，不再是上层阶级身份、地位的象征，在楚文化区域传播和流行。有些学者提出"铜镜、玻璃珠、漆耳环是楚国中层阶级生活质量的三种标志器物"。公元278年，白起伐楚，楚国被迫两次迁都，楚文化遭受重创，蜻蜓眼式玻璃珠随着楚文化的衰落也逐渐淡出了人们的视野。

中国境内出土了大量的蜻蜓眼式玻璃珠，从目前出土的珠子来看，每一颗珠子的制作都是手工完成，所以几乎无法找到两颗一模一样的。四川博物院收藏的这件玻璃珠，用连珠点纹形成圆、椭圆、三角等形状，将珠体表面的眼珠分隔开来，形成若干独立的小单元。这种类型的玻璃珠造型均比较特殊，仅见于中国，最早出现于北方地区，于战国晚期在楚地得到进一步的发展，形成以小圆点组成单线或双线间隔眼珠的方式，这也是中国工匠对外来文化的融合与创新。

这颗蜻蜓眼式玻璃珠是墓主人生前的掌上明珠，死后作为陪葬之物。千年之后在蜀地被世人发现时，它仍然璀璨夺目。它的非凡旅程，是战国晚期蜀文化与楚文化交流的有力证据。

（刘舜尧）

战国『邵之飤鼎』青铜鼎

古蜀开明的千年谜团

"蚕丛及鱼凫，开国何茫然"，古蜀的神秘面纱，等待着后人慢慢去揭开。四川新都马家乡战国大墓出土的"邵之飤鼎"青铜鼎，铸造技艺高超，为我们了解蜀文化提供了重要资料。

1980 年，四川新都马家乡发现了一座大型战国土坑墓。大墓早年已被盗，棺椁内的随葬品早已被盗掘一空。考古工作者们清理木椁时，在木椁的垫木之下发现了一个腰坑，腰坑中埋藏着 188 件青铜器。这些青铜器包括了盛贮器、炊器、乐器、兵器、工具等，且均为五件或二件一组。其中敦、豆、缶、盘、鉴、甑、甗、匜、勺为二件一组，鼎、壶、釜、鍪、匕、凿、刀、雕刀、编钟等为五件一组。这种五件一组，且大小有序的组合方式，可能出于蜀人"尚五"的观念。蜀人以"五"为至高的极数，除了与当时中原葬制有关外，可能还与开明氏九世的"但以五色为主，故其宗庙称青、赤、黑、黄、白帝也"的意义有关。根据相关文献及出土文物

"邵之飤鼎"青铜鼎

战国（前475—前221）

口径24.9厘米，通高25.4厘米

四川新都马家乡战国墓出土

"邵之飤鼎"青铜鼎铭文

判断，该墓可能为战国早期古蜀开明氏王朝时期的墓葬。这座墓葬的发掘，为深入认识战国时期蜀文化的丰富内涵，蜀文化的特征，蜀国的礼制，蜀、楚关系，以及蜀与中原的关系提供了重要的资料。

青铜器古称"吉金"，最初铸造的时候有着黄金般的色彩和光泽，因其锈色为青绿色而被人们称之为"青铜"。马家乡战国大墓因腰坑中充满了积水，造成了一个相对密闭的环境，使得埋藏了几千年的青铜器不仅保持了入埋时的原状，而且出土时光亮如新，散发着耀眼的光芒，几乎保持着新铸成时的原貌。腰坑刚刚揭露开时，满坑金灿灿的器物熠熠生辉，一度惊呆了现场的考古队员们。

新都马家乡战国大墓出土了188件青铜器，其中大部分为国家一级文物，"邵之飤鼎"即为其中之一。

"邵之飤鼎"青铜鼎有子母口盖，鼎身有双附耳，圆底，三蹄形足。

盖顶略凸，三牛形纽鼎立，盖中心为一虎形纽，纽上套环，环的一面饰斜线纹，另一面饰三角雷纹；盖面纹饰由两条凸弦纹分为三层，内层以纽为中心依次为辫索纹两周、云雷纹一周、凤纹一周，其余两层均为凤纹。鼎身上饰三角雷纹，耳下饰一圈弦纹，腹部饰两圈凤纹。鼎盖内中心部分铭"邵之飤鼎"四字，鼎因此而得名。

"飤"，《说文解字》："飤，粮也。"《玉篇》："食。与饲同。""邵"

"邵之飤鼎"青铜鼎

铜印

战国（前475—前221）
边长3.4厘米，厚1.1厘米
四川新都马家乡战国墓出土

即"昭"，"昭"乃楚国王族的三大姓氏之一。"邵之飤鼎"铭文"邵"
字的字体风格为春秋战国楚地流行的字体，与安徽寿县蔡侯墓、湖北的一
些楚墓青铜器上的铭文十分相似，考古学家们一般认为此鼎为楚器，怀疑
该鼎为楚之昭氏所铸而流传入蜀。新都马家乡战国大墓中同出了纹饰相仿、
大小有序的五件铜鼎，其中"邵之飤鼎"最小，纹饰铸造工艺最为精美，
其余四鼎均较粗糙，应皆为在蜀地铸造的仿"邵之飤鼎"。鼎的铭文及墓
的葬制、出土遗物等都表现了较多的楚文化成分，说明当时蜀文化与楚文

化之间有着密切的关系。

　　同墓中还发现了一枚正方形大铜印章，是目前所见巴蜀铜印章中最大、最精美、内容最为丰富的一枚。印纹为一组巴蜀图语。印面下部两侧各站立一人，两人之间置一罍，两人伸手相握，双手托举一图形符号，这种图形符号在墓内所出的铜器上多有雕刻，只是繁简略有变化；图形符号的两侧各有一个向上的铎形纹。其中的两铎图像，似为用以宣布政令的木铎或下达武事命令的金铎，由此推测这组巴蜀图语可能是一种权力的象征。通过印章上的这组巴蜀图语，结合该墓的墓葬规模、器物组合分析，学者们推测这个印章或为"蜀王之印"，该墓的墓主人或为蜀王开明九世到十一世当中的某一位。

　　四川博物院新馆开馆前，对参展文物进行养护时，研究人员对"邵之飤鼎"青铜鼎拍摄了X光片，在现代仪器之下，明显看到了"邵之飤鼎"为多片残片修复而成。"邵之飤鼎"青铜鼎是作为完整器被认定为国家一级文物的，自出土至今，从未对其进行过修复。可见这件鼎是在下埋前就被修复过的，这说明在两千多年前的古蜀国，人们不仅有高超的青铜铸造工艺，同时还具备了不同凡响的青铜器修复技术。这件"邵之飤鼎"青铜鼎为什么会被打破，为何主人如此珍爱它，以致修复后随自己入土常伴身边呢？其背后另有传奇也未可知。

（张丽华）

战国嵌错宴乐水陆攻战纹铜壶

战国版『清明上河图』

『时光如舟，承悲载喜』。2000多年前的生活场景，我们只能通过文物来了解只言片语。四川成都出土的战国嵌错宴乐水陆攻战纹铜壶，内容丰富，再现了当时生产、生活和战争的场景。

战国嵌错宴乐水陆攻战纹铜壶，1965年2月出土于成都市百花潭中学10号战国墓，国家一级文物。

壶为侈口、斜肩、鼓腹、圈足，肩上有兽面衔环。有盖，盖面微拱，上有三鸭形纽，盖面饰以卷云纹、圆圈纹和兽纹。壶身采用平行分布、二方连续的构图方式，通体饰嵌错图案。饰满三角云纹的三条凸起的带箍将壶身自上而下分为四组平行的环状，从上至下依次饰采桑和习射图、宴乐和弋射图、水陆攻战图、狩猎纹和动物纹，圈足饰一周菱形纹和四瓣纹。

嵌错宴乐水陆攻战纹铜壶

战国（前475—前221）
口径13.4厘米，腹径26.5厘米，通高40厘米
四川成都百花潭中学出土

第一层为铜壶颈部的采桑和习射图。纹饰右侧为采桑图，图中有桑树两株，枝叶茂盛，桑树上挂着篮筐，有四个女子攀于树上，正在采桑，其下有两对男女立于桑阴下，再现了当时采桑的情景。为什么采桑成为铜器上的重要图案？一方面，学者们早有研究，采桑纹表现的是士大夫们春天与女子相会于桑林的题材；另一方面，中国养蚕、丝织历史悠久，战国时期正是丝织业发展的重要阶段。在这种社会背景下，采桑成为当时社会的重要活动。第一层的左侧是习射的场面，上层有三人列队弯弓，依次射向箭靶。亭子前方站一人，双手高举有飘带的箭靶。紧靠亭子跪坐的一个人负责报靶。下层五人列队等待参加习射。礼、乐、射、御、书、数"六艺"是周王朝要求学生必须掌握的六种基本技能，《周礼·地官司徒·保氏》云："养国子以道。乃教之六艺：一曰五礼，二曰六乐，三曰五射，四曰五御，五曰六书，六曰九数。""射"是当时贵族们修身养性的重要内容。

　　第二层纹饰丰富，画面从右至左包括了习射、弋射、宴乐、乐舞等内容。画面右侧上部为习射部分，有一组人列队依次等待竞射。右侧下部的圆弧形似为一顶帐篷，几人或立或跪于帐中，地上是收获的飞禽，表现的可能是弋射后，人们休息的场景。弋射图中，天上满是飞禽，几个射手俯身转手拉弓向大鸟射去；有几只鸟已被射中，中了箭的鸟身上还缠着一根长长的绳索。弋射是中国古代一种以系绳（缴）之矢射猎大型飞禽的狩猎方法，矢后系绳以防射中的猎物逃跑。第二层左边一组为宴乐场面。上层为宴饮图，一高大宽阔建筑物内，主人凭几而坐，身后有侍者执扇，面前

战国嵌错宴乐水陆攻战纹铜壶白描图

有两人做捧杯敬酒状。宴饮图下为奏乐的场面，演奏者站立着敲编钟、击编磬，另有人吹笙而和。靠近柱子的位置还立有一只建鼓，有两人正在建鼓的两面进行击打。建鼓旁边的几位舞者，一手上扬，一手拿着兵器作为舞具起舞。这样的宴乐场景可谓典型的"钟鸣鼎食"了。

第三层为水陆攻战图。第三层画面右侧为水陆交战图像，分上、下两层。上层中间，左右双方各竖一面旌旗，表示两军对阵。双方士兵分别持矛、盾、剑、戟等兵器正在作战，左边军阵有一人踞坐于地，双手各持一桴，正在鸣金（丁宁）击鼓。下层为两艘战船，双方均佩短剑，正用力摇桨冲向对方。从上下两层图像看，可能是陆地、水上相互配合的水陆交战。第三层左侧画面是攻城战。画面中的横线代表城墙，斜线代表云梯。守城的一方有弓箭、礌石、长戈、短剑等武器；攻城的一方有云梯、长矛、长戈、短剑等武器。战斗场面十分激烈，似乎守方略占优势。

第四层为狩猎纹和动物纹。狩猎纹中，人们正在奋力绑缚猎物；动物纹表现的是一周桃形纹饰，每个桃形纹饰中饰相背对称的双兽。

目前已知饰有水陆攻战纹的青铜器较为少见，除了四川博物院收藏的这件水陆攻战纹铜壶外，只有河南汲县山彪镇（今属河南新乡卫辉市）琉璃阁一号战国墓出土的一对铜鉴、四川宣汉罗家坝 M33 出土的铜豆、故宫博物院收藏的一件铜壶、山西侯马公安缴获的一件铜方壶、中国航海博物馆收藏的一对铜壶、保利艺术博物馆收藏的一对铜壶上有类似的纹饰。

战国嵌错宴乐水陆攻战纹铜壶上使用的是传统错金银工艺，这种工艺的基本工序包括开槽、镶嵌和磨错。嵌错金、银、红铜、绿松石等都只是该工艺的不同表现形式。青铜嵌错工艺起源很早，嵌错红铜、金、银等的青铜器在商周甚至二里头时期就已有了。春秋晚期时，嵌错金银青铜器开始受到偏爱，并流行起来。这件铜壶通体嵌错，密布纹饰，其上的图像生动地再现了由奴隶制向封建制转变时期的生产、生活、战争等社会风貌。

（张丽华）

汉代彩绘跪坐执扇俑

物为我用 偃卧自如

扇子在中国传统文化中被赋予了诸多内涵，团扇更是以实用、美观的性能征服了仕人淑女、贩夫走卒。出土于蜀地的汉代彩绘跪坐执扇俑，服饰考究、配饰丰富，生动展示了当时高超的艺术水平和精致的上层生活。

"新裂齐纨素，鲜洁如霜雪。裁成合欢扇，团团似明月。"汉代班婕妤将圆形的纨扇称为"合欢扇"。在她的诗中，扇用最新裁出的齐地上好丝绢制成，似明月一样圆，如雪一样纯洁。汉代的团扇今已无处可寻，所幸在一些汉代陶俑和画像上还可觅得其踪迹。

1963 年，在成都市郫县（今成都市郫都区）宋家林东汉砖室墓内出土了一件彩绘跪坐执扇俑，为我们展示了 2000 多年前的东汉团扇形象。此团扇有两个特点：第一是圆形团扇外边缘为双线圆框，第二是团扇下部四分之一处有一条横线。这两个特点正是汉代团扇形制及其材质的细致刻画。汉代团扇分为扇面与扇架。扇面的材质一般为丝织品，如上文所说的

彩绘跪坐执扇俑

东汉（25—220）
通高61.4厘米
四川成都郫县出土

"纨扇"。此团扇形象中的双线圆框表示团扇丝织品外面的锁边，虽然只有两条极其简单的线条，但却形象地刻画出汉代团扇的锁边工艺。扇架材质一般是竹，团扇下部四分之一处的横线即是扇面与扇架拼接的地方，横线以上部分为扇面丝织品的部分，以下为扇架部分，扇架部分方便用手拿取。整个团扇细小、精致、形象，真实地再现了汉代的团扇。

此件陶俑跪坐，衣着华丽，面带微笑。俑梳扇形发髻，髻上簪花两朵；额上束巾；耳上戴用多颗细小珠串成的圆形耳珰；颈上戴一圈珠饰。俑身穿褶领宽袖长袍，袖口花瓣形；束腰带，腰间垂下一配饰。外衣上单独刻绘出表示衣纹装饰的三角形线条。虽然经过 2000 多年，衣服上仍隐约可见红色彩绘。俑左手持团扇于胸前，右手放于右膝。左手食指戴一枚戒指，右手食指与中指皆佩戴戒指。

此件陶俑制作精美，从穿戴之物可推断出其地位特殊。此件陶俑到底是代表着什么呢，又为什么会被随葬到墓葬中呢？这与四川汉代的庄园经济及汉代人的生死观念有关。

西汉中期，四川的豪族开始出现，到东汉中晚期，地主豪族势力空前发展，成为一股重要的政治、经济力量。在经济方面，地主豪强掌握大量钱财，兼并大量田地山林湖泽。在各豪强庄园或几个庄园共同体内，农林牧副渔及手工业相结合，形成了相对独立的、在一定程度上自给自足的庄园经济体系。同时，汉代人有"事死如事生"的观念，在此观念影响下，人们形成将现实生活中的场景移到墓葬之中，在墓内建造一个丰富的"地下世界"，以便在死后享用的葬俗。从现在考古出土情况来看，汉代的庄园生活被完整地复制到墓葬之中，这其中最重要的部分就是各类陶俑的随葬。

将陶俑的动作、形象，与汉代人物的身份职能进行对比后，可将这些陶俑分为六大类。一是从事家庭日常生活劳作的陶俑，有抚案剖鱼（或其他家禽）俑（统称"庖厨俑"）、双手提罐俑、提鸟鱼俑、执绳提罐俑、执箕帚俑、提鞋俑、抱囊俑、捧案俑、妇人乳婴俑、牵马俑、驾驭俑等。二是在宴会上做表演的陶俑，有舞蹈俑、抚琴（瑟）俑、执笙（竽）俑、吹笛俑、击鼓俑、说唱俑、歌唱俑等。三是从事庄园内田间耕作、收获、渔猎的陶俑，有执锄（锸）箕俑、执棒俑、扛（提）罐俑、执镰俑、执飐扇俑、双手执箕俑、背负俑等。四是表现庄园武装的陶俑，一般称为"部曲俑"，主要是执各类兵器的陶俑，以执刀、盾形象最多，有的陶俑甚至身披战甲。五是表现庄园主人的陶俑，多为坐俑形象，着袍服，衣着讲究，动作优雅。抚耳者和执团扇（便面）者一般为女性；坐姿随意手执酒具、衣着不整者可能为醉酒男性，一般出现于宴会中，表现宴会主人、宾客及家人形象，从其服饰来看，其地位较高。六是表现儿童形象的陶俑，陶俑多为光头，站立，有些手执鸟雀、拨浪鼓等玩具。此件彩绘跪坐执扇俑就是第五类陶俑，其服饰考究、配饰丰富，应为地位较高的女性主人。

在汉代，只有少数人才能过上富足的庄园生活，因此，墓葬内的庄园生活场景只是墓主人对美好生活的向往，不一定是墓主人真实生活的写照，可能仅是墓主人现实生活中见过的场景，这是汉代四川人普遍的心理需求。

（张　琴）

汉犀牛铜灯

兰膏明烛 熠熠生辉

灯具，家庭生活必不可少的一种器物，代表了一个时代的工艺水平和审美标准。四川涪陵出土的汉犀牛铜灯，惟妙惟肖、设计科学，融美观与实用于一身，是铜灯中少见的精品。

《礼记·曲礼》载："古者未有蜡烛，唯呼火炬为烛也。"人工灯具过去一般认为出现在战国时期，但从目前出土的战国灯具的形制成熟程度来看，在此之前灯具应该已有一段较长的发展时期。据文献记载，周代人们已经开始使用火炬照明。孙机先生根据郑州二里岗出土的早商时期有中柱的陶盂、青铜盂推测："实际上不亚于早商时期我国已创制出点燃油脂的灯具。"从目前的考古发现看，灯具雏形的出现可能会更早。

铜灯溯源于陶灯，而陶灯最早由陶豆演变而来。从出土实物看来，战国时期乃至秦汉时期，虽然出现过个别高水平的铜灯，但人们照明都以陶灯为主。即便在铜灯发展达到了高峰的汉代，陶灯都是普通百姓的主要照明工具。

汉代是中国文明史上一个重要时期，传统器物的制作工艺在之前的基础上有了进一步创新，从而进入发展的高峰，青铜灯便是其中之一。各种动物、植物或人物形象与灯体完美结合的青铜灯在汉代流行，不仅仅体现了人们对灯具照明的实用功能需求，更衍生了对青铜灯的审美和祈愿等新的需求。此时出现了品类和风格多种多样的青铜灯，较为著名的如河北满城汉墓出土的长信宫灯、山西平朔汉墓出土的雁鱼灯、江苏邗江刘荆墓出土的错银铜牛灯等，都是汉代铜灯中的杰出代表。

目前所知的汉代灯具类型多种多样，以形制来分包括豆形灯、釭灯、多枝灯、动物形灯等，其中动物形灯品种较多，主要有羊形灯、雁鱼灯、牛形灯、鹅鱼灯、雁足灯、凤鸟朱雀灯、兽面形灯等。在众多类型的灯具中，豆形灯是汉代使用最为普遍的类型，一般上部为圆形浅盘，用以插烛或盛油，中部为便于持握的细长灯柱，下部有座，用于置放。而如人形灯、釭灯、各种动物形灯等艺术类造型的铜灯，都是王公贵族们所使用，代表了当时灯具的最高水平，也成为汉代青铜器的一个标志。

人类使用油灯的历史悠久，用油也是由动物油到植物油，后来才被煤油取代。战国至秦汉时期的灯普遍采用固态的动物油脂作为燃料。在河北满城汉墓出土的一件卮灯中残存有烛块，经鉴定属于和牛油成分很相似的动物油脂。这个时期的灯有两种，一种为烛钎式，一种是烛盘式。烛钎是用来穿插硬质灯芯的，灯芯固定在烛钎上，可以利用灯芯控制火焰的大小。这样的灯具燃油面积小且能减少黑烟，延长照明的时间，火焰更明亮且稳

定。烛盘式灯没有固定灯芯的装置，与有钎的灯相较，有很多缺点。第一，燃油面积大，燃烧速度快，浪费油脂；第二，光线昏暗不明且不稳定；第三，燃烧时会产生大量黑烟，对空气造成污染。根据《说文解字》注释："镫，锭也。徐弦曰：锭中置烛，故谓之镫。"也就是说，不带烛钎的灯当为"锭"。究竟哪些灯为"锭"，因为还有部分灯具器物目前无法识别，所以有待于进一步的证据来进行认定。

四川博物院藏汉代犀牛铜灯，国家一级文物，1984年出土于四川涪陵西汉墓。铜灯整体为犀牛形。犀牛正面立姿，肩骨高耸，腹部浑圆，四足短粗着地，憨态可掬。在犀牛脊峰部，有活纽，可使臀部翻转成灯盏，犀牛臀部灯盏的开合处上下各有一环纽，闲置不用时，可以用绳或栓固定。犀牛长吻突出，两鼻开小孔，两耳尖，贴附脑后，鼻尖和额顶各有一角，前短后长。灯盏翻开时，正好支于额顶的角上，既便于安装，又方便携带，设计十分巧妙。犀牛腹部中空，可以用来储存水。盏的一侧设小流嘴，用完灯时可将未燃尽的灯油由小流嘴导流入犀牛腹腔内，腹腔内的水可以灭掉未燃尽之物。盏的中间有烛钎，可供插烛或固定灯芯用。器物整体节能环保

犀牛铜灯

西汉（前206—25）
长15厘米，通高9厘米
四川涪陵西汉墓出土

且安全，融美观与实用于一身，设计精妙而科学。

　　这件犀牛铜灯逼真写实，惟妙惟肖，可见在当时的巴蜀地区，犀牛是较为常见的动物。而巴蜀对于犀牛的推崇，最早可追溯到战国时期蜀郡太守李冰，据《华阳国志》记李冰"外作石犀五头，以厌水精"。2012 年，成都文物考古研究院于成都市中心天府广场东北侧发掘出土一秦汉时期的石犀，恰与古文献中的记载吻合。

　　目前发现的汉代动物铜灯中，犀牛形铜灯较为少见，弥足珍贵。

（张丽华）

汉『蜀郡太守章』封泥

来自千年前的密封条

封泥也叫泥封，始于战国，流行于秦汉，在纸张、绢素等材料替代简牍成为书写载体后逐渐消失。四川博物院的汉『蜀郡太守章』封泥，是汉承秦制的重要实物佐证。

四川博物院馆藏文物中，有一块看上去极不起眼的泥巴，它来自汉代，边长 2.7 厘米，厚 1.3 厘米，一面印有"蜀郡太守章" 5 个大字，说明它是当时成都蜀郡官府所用的封泥。

封泥始于战国，流行于秦汉。这一时期的公私文书大多以竹简、木牍作为书写载体，为避免重要文件被偷拆，发送时会用绳子捆绑，绳端结合处加以检木（称为"封泥匣"）用泥封闭，泥上加盖印章，此泥称"封泥"。史料记载，秦始皇统一六国后，在咸阳宫"躬操文墨，昼断狱，夜理书"，中央及地方各行政机构的奏章不断向这里汇集。官吏穿梭于琼楼玉宇、层楼叠榭的宫殿之中，将奏章送往章台，值守吏将奏章呈送秦始皇亲自验查

"蜀郡太守章"封泥

汉（前206—220）

长2.7厘米，厚1.3厘米

拨交

封泥是否完好，然后拆封御览。一般而言文书受检后封泥就被舍弃了，封泥是未经烧制的黏土，丢弃后往往损坏者较多。这块封泥之所以珍贵，在于其历经千年，却能完整地保存下来。究其原因应是处理时经焚烧而固化，"浴火重生"才有今日之"蜀郡太守章"。

封泥最早发现于清道光二年（1822），由蜀人掘山药而得。当时发现的封泥藏于窖坑，多达 100 余件。至今，在全国各地考古人员陆陆续续发现了大量的封泥，如汉阳陵曾在帝王陵园外藏坑、"罗经石"遗址、东区陪葬墓、阳陵邑遗址共出土了 1000 余枚封泥，其中阳陵邑遗址出土数量最多。这些封泥大多数残缺不全，且很多封泥的印文是相同的，主要内容包括朝官及其属官封泥、地方官及专门机构封泥、私印封泥等。1995 年前后，西安北郊相家巷村又有几千枚秦封泥出土，据推测当地可能是秦南宫遗址区，因秦朝统治者在此处理文书、接收进奉物品，故而留下了大量的封泥。

说了这么多封泥的过往，那么到底这枚"蜀郡太守章"封泥有什么独特之处呢？秦汉时期郡县制是君主专制体系的基本制度，是皇权控制地方军政事务的主要依托。这一期间形成的地方治理经验及治理思想对后世王朝都有着重要的借鉴意义。"蜀郡"是秦汉时期的行政机构，自秦开始设置。"太守"为官职，《汉书·百官公卿表》记载："郡守，秦官，掌治其郡，秩二千石。有丞，边郡又有长史，掌兵马，秩皆六百石。景帝中元二年更名太守。"由此可见太守的职责是由秦朝郡守的职责延续而来，主要"掌治其郡""掌兵马"，即强调对地方（郡）行政权和兵权的掌控。

我们所熟知的主持修建都江堰的李冰就曾出任这一官职。"蜀郡太守章"封泥为汉代遗物,是汉承秦制的实物佐证。

由此看来,封泥虽小,却内含乾坤。对研究历史、文献的人而言,它有助于我们了解古代官制、行政区划、地名等历史信息,印文的内容,还可以补充、订正文献的讹误。对于研究中国文字和篆刻艺术的人而言,封泥也是难得的实物材料。秦汉时期的文字上承甲骨文、金文,下启隶书、楷书,是汉字发展史上非常重要的阶段。目前可见的秦汉文字包括金文、简牍帛书、石刻文字、印章封泥和陶瓦砖文等。研究这一时期的文字形体,能够帮助我们更清晰地认识汉字如何从古文字阶段发展到今文字阶段。另则,秦汉时期的印章封泥又有其特殊性,它们反映的内容大多是官名和人名,字体正式规范,来源多为后世出土,更好地保存了文字的原貌。

从艺术价值上看,现存封泥主要是秦汉时期的产物,这一时期正是中国玺印发展极为充分且艺术风格成熟多样的阶段,封泥留下了这一时期印章艺术的真实遗迹,成为秦汉魏晋印章艺术体系的一个重要组成部分。晚清以来的文人篆刻艺术风格,很多都受到了秦汉封泥的影响,晚清著名画家吴昌硕、近代篆刻名家邓散木都先后模仿了封泥的艺术样式,从而创新出自己的篆刻艺术风格,可见封泥的发现为近代篆刻家们开辟了一条新的创作途径。

(成 吟)

蜀汉庖厨俑

民以食为天 蜀汉尚美食

「味在中国，食在四川」。川菜以其丰富的品种、醇香的口味征服了味觉挑剔的中国人，使川菜位列中国八大菜系之一。1981年出土于重庆忠县涂井蜀汉崖墓的庖厨俑，即将带我们走进千年前的巴蜀厨房……

《史记·郦生陆贾列传》："王者以民人为天，而民人以食为天。"中国人的饮食文化源远流长，古人对吃的研究颇为深刻。汉代作为中国封建社会承上启下的一个重要朝代，它的饮食文化很有代表性。巴蜀地区自古就是美食之地，作为八大菜系之一——"川菜"的发源地，巴蜀地区的饮食文化从如今的川菜、川酒、川茶的繁荣面貌便可见一斑。巴蜀地区丰富的地理、气候环境孕育了多样的物种，从而使得该地区拥有了众多的食物来源。扬雄《蜀都赋》描写道："乃使有伊之徒，调夫五味，甘甜之和，芍药之羹，江东鲐鲍，陇西牛羊，籴米肥猪"。这段文字生动地描绘了汉代上层富贵人家所呈的一席山珍海味，足见当时饮食文化之发达。这里让

庖厨俑

三国·蜀汉（221—263）

高39厘米

重庆忠县涂井蜀汉崖墓出土

我们通过一件收藏于四川博物院的精品文物——蜀汉庖厨俑去探寻汉代巴蜀地区饮食的"奥秘"所在。

这件庖厨俑头着帻（帻又称"巾帻"，是古代中国男子包裹鬓发、遮掩发髻的巾帕），跽坐于长方形俎前（俎是指古代切肉用的砧板），他面带微笑，左手持鱼头，右手做切鱼状。俎上堆满了各类食材，有鸡（鸭）、鱼、猪头、龟、笋等，其中特别之处在于有一个花边形的饺子。

饺子在中国起源较早。1959 年，新疆吐鲁番阿斯塔纳唐墓发现过几个实物饺子。1978 年，山东滕州的薛国故城遗址的一座春秋时期薛国贵族墓葬中发现了一套青铜礼器，其中一件铜簋里摆放着一些食物，色白，呈三角形，内包有屑状馅料。经研究认为，它们可能就是今天饺子和馄饨的雏形。这也是迄今为止，出土文物里最早的"饺子"实物，比唐朝的饺子早了 1200 多年。

四川出土的东汉画像砖"收获弋射""舂米"都直接反映了四川人以米饭为主食，但通过这件庖厨俑可见汉代四川人也吃面食，这种吃法应该是从中原地区学来的。四川文化自古就是一个兼容并蓄的体系，这与四川在历史上的几次"移民"有关。尤其是秦汉时期，中原人民向巴蜀地区的移徙运动，起于秦，迄于西汉晚期，长达 300 年，为我国历史上最早、持续时间最长、规模最大的移民运动，对巴蜀地区产生了极为深远的影响。汉代中原人迁徙到巴蜀，也带来了中原的饮食习惯和文化。因此，四川人吃饺子也就不足为奇了。

这件蜀汉时期的庖厨俑 1981 年出土于重庆忠县，忠县原名临江县，因产盐而得名，蜀汉时期这里是长江上游的重要产盐区。根据以往出土的汉代竹笥木牌、竹简我们了解到，汉代肉食的烹调方式有烹、炮、蒸、炙、濡、濯、熬、煎、炒、汋、腊、脯等。想象一下这座墓主人有可能就是盐商家庭，生前家宴宾客之际，娴熟于烹饪的庖厨师傅，在这样一张满载食材的俎前烹制小鲜，各类食材分门别类采用最适宜的烹饪方式，并辅以不同的调味品发挥其食材最佳的口感，墓主人和宾客在舞乐百戏中享受美食，真是一幅惬意的画面。而汉代这样的食材、烹饪手法经过近两千年的变化，万变不离其宗，至今我们依然保留了老祖宗传下来的饮食习惯，且一代一代传承着这样的饮食文化。

（何东蕾）

东汉摇钱树

通往神界的天梯

"摇钱树，聚宝盆，日落黄金夜装银。"世人对金钱的痴迷从无断绝，但却不知，摇钱树的寓意远远不止生财。四川成都市彭山县双江乡崖墓出土的东汉摇钱树，精致绚丽，表达了古代人民对美好往生的期待。

　　摇钱树出现于汉晋时期，流行于我国西南、西北地区。从整体来看，摇钱树是一种长满方孔圆钱的树形圆雕。从结构上看，摇钱树由树座和青铜树组成；树座有石质和陶质两种，以陶质较多。树座上端是一中空的柱，用以插青铜树。青铜树分为树干和树枝，皆分段铸造。由于摇钱树的特殊结构，加上很多墓葬被盗掘，出土墓葬中的树座、树干和树枝一般为零散的状态，且多残缺，导致现在发现较多的是摇钱树座，青铜树碎片也有一定程度的发现，但是可复原和已经复原的完整的摇钱树较少。1972 年，四川省博物馆（今四川博物院）考古队在四川成都市彭山县（今成都彭州市）双江乡崖墓发掘出土一株完整的摇钱树，树座及树枝、树干上都铸有

摇钱树

东汉（25—220）
通高135厘米
四川成都彭山县双江乡崖墓出土

各种精美的图案，内涵十分丰富，极其珍贵。

此株摇钱树由陶座和铜树组成，通高 135 厘米，陶座高 45.3 厘米。陶座上浮雕两只神兽，呈叠蹲状。其上之神兽双目突出，头直伸向前，背饰钱纹；其下之神兽，双目瞪圆，头曲颈向下。近圈足处饰绶带钱纹。

铜树由六节树干和六层树枝组装而成。除树顶以外，下面五层树枝皆由两片树叶组成，左右对称，每层中两片树叶的图案内容相同。另外，下面四层图案内容也相同。因此，整株摇钱树可分为上中下三部分，上部为树顶，中部为第二层，下部是第三至第六层。通过刻绘出各种精美形象向我们展示了一个神秘的西王母世界。

在汉代人心中，西王母是谁？来自哪里？是怎样的人？两部神话色彩极浓的著作——《山海经》和《穆天子传》各有记载。《山海经》中，西王母是居住在西部地区的一个蓬发戴胜、豹尾虎齿的半兽神，执掌瘟疫和刑罚。《穆天子传》里描绘了周穆王与西王母相会的情景。到西汉，《淮南子·览冥训》中出现"羿请不死之药与西王母，嫦娥窃以奔月"的故事，从此西王母被描写成长生不死仙药的所有者，成为人们追崇的对象。有学者考证汉武帝派遣张骞通西域就是为了寻找西王母之地，不少学者也相信武帝伐大宛的目的之一便是取得能载人升仙的"天马"。而在民间，人们采用祭祀的方式希望得到西王母的庇护。在《汉书·哀帝纪》和《汉书·五行志》中都有记载人们祭祀西王母。同时现在大量的考古发现和研究表明，西王母信仰是汉代人们的基本信仰，是汉代人们升天成仙信仰的中心。因

东汉摇钱树局部（一）

此在摇钱树枝上浇注西王母题材的图像，便是汉代人们所能接受和推崇的。

此株摇钱树的中下部分皆是表现西王母的内容。其中，中间部分是一幅歌舞升平的西王母世界。这个世界的中心是位于树枝上部正中的西王母，其头顶戴冠，坐于龙虎座上，庄严威仪，头上罩着华盖，双手平置于膝上。西王母一边为正在制作长生不死仙药的玉兔，一边是持物跪坐的蟾蜍。除此以外，玉兔旁边展示的是"导弄孔雀、凤凰"的杂技。两人站在凤鸟前面，一人手执花束一样的东西，这应该是引导凤鸟的道具，类似于现在舞龙时拿着的彩球；另一人手执环状物，上面还有绶带，应是引导凤鸟或者让凤鸟钻越的道具，两人都是要将凤鸟向西王母一边引导。蟾蜍旁边有五人。第一位和第五位正在表演"植瓜"幻术，植瓜幻术在《汉书·张骞李广利传》和干宝的《搜神记》里有记载，简单来说就是可以瞬间变化出瓜的藤蔓、花和果实的魔术表演；最后一人似乎是跪坐在树下，与第一人遥相呼应，展示出"瓜生藤蔓，生花成实"的场景。另外三人分别是梳双髻的舞者，扭腰回首，手中的长巾飘拂；舞者旁边有一人正在表演跳丸，丸有六枚；另有一人伏在案上表演叠案。

相传，"导弄孔雀、凤凰"、叠案、跳丸、植瓜这些杂技都源于西域。在汉代，人们认为西王母居住在西方，在西域之西；而这些源于西域的杂技魔术"令人目眩不得而视"，在汉人眼里，这是不可思议的东西，是一种仙术。因此，在西王母世界中配置这些仙术，表达出强烈的升仙愿望；同时为西王母表演，以取悦西王母。

摇钱树的下部展示的是追逐西王母，向西王母乞求长生不死药的场景。对这一场景的解读应该从下往上看，整个场景的下面部分都是正向上攀登的景象。左边有正在攀爬的鹿，中间有结伴而行的牛郎和织女，而右边有正在努力往上攀登的人，他们的目的都是为了到达西王母仙境。整个图像的上面部分以西王母为中心，西王母下面是两个已经到达仙境的人正在向西王母乞求长生不死仙药——虾蟆丸（这正是中部图像中玉兔制作的）。西王母的右边是已经升仙的伯牙和钟子期正在演奏，他们自娱自乐，过着

东汉摇钱树局部（二）

无忧无虑的仙人生活。

　　在这株摇钱树的上部即顶端是由凤鸟、女娲组成的天上世界，是升仙以后的世界。树顶的凤鸟，曲颈、展翅、翘尾，口含虾蟆丸，一小人跪坐于前，双手上举似要接住虾蟆丸。凤鸟正前方为双手高举圆月的女娲，月中饰蟾蜍。女娲高髻，着右衽长袍，人首蛇身，曲尾。手托日的伏羲、手托月的女娲、凤鸟图像经常出现在汉代墓葬画像题材中，现在学者考证，这应与墓主人渴望升天成仙有关。这些题材一方面是墓主人升天道路——黄道的标识，一方面又可作为墓主的引导。尤其是凤鸟口中含着的长生不死仙药——虾蟆丸，有个跪坐朝向凤鸟的人还双手高举，好像在祈求仙药一样，这个人会不会就是墓主人呢？

　　汉代人们为什么要随葬摇钱树呢？摇钱树代表着怎样的文化内涵和功用呢？一种观点认为随葬摇钱树可以实现汉代人升天成仙的梦想。从现在可以看到的汉代文献资料、墓葬绘画及出土物来看，汉代人对升天成仙有着一种偏爱。正如这株摇钱树一样，西王母题材是整株摇钱树的核心，而西王母又与升仙有着密切的关系。这是汉代人对死后世界生活的一种愿望。除此以外，现在研究还认为在墓葬中随葬摇钱树是人们对金钱的一种渴望；摇钱树上的怪兽形象还有驱邪的作用。总之，摇钱树包含的内容丰富，题材多样，它将我们带进一个琳琅多姿、绚丽多彩的摇钱树世界，让我们能够感受它的神奇，领略它的风采。

（张　琴）

东汉说唱俑

传承千年的说学逗唱

汉代民间艺人，不论是乐舞说唱还是滑稽戏娱，都是社会各个阶层精神生活的重要提供者。四川郫县出土的东汉说唱俑，以夸张诙谐的造型，展示当时说唱艺术的繁荣。

俑，古代用作陪葬的偶人，在随葬品中占有重要地位，也是雕塑艺术中的一种。先秦时期，陶俑创作处于初级阶段，造型简洁、朴拙疏略，写实性较强。至汉代国家一统，社会财富迅速积累，"视死如生"的丧葬观念大行其道，促进了陶制随葬器物的大发展。一时之间，陶俑的种类、数量、材质、水平等都达到了新的高度。

两汉时，四川地区水利丰泽，物产丰富，商贸发达，经济富庶，居民生活更是幸福快乐，社会上下呈现出一片安逸祥和之态。与之相应的，此时随葬之风极盛，汉墓中常有各种各样的陶俑随葬，充分再现了当时社会生活的诸多方面。其中，说唱俑是俑塑中最生动活泼和富有生活气息的一类。

说唱俑

东汉（25—220）

高66.5厘米

四川郫县宋家林出土

1963 年，四川郫县（今成都郫都区）宋家林东汉砖室墓就曾出土一件站立说唱俑，现藏于四川博物院。俑以泥质灰陶捏塑而成，因年代久远，俑身上原有的彩绘早已脱落不见。说唱俑头戴一顶旋细软帽，从远处看颇似一个高耸的发髻。额头上皱纹遍布，双目微闭，嘴角歪撇，使劲把舌头上翘伸向鼻子；两肩用力上耸，左臂佩戴环饰，并以左手托住小扁鼓，右手执鼓槌欲击之；上半身修长且赤裸，双乳垂至腰际，鼓腹便便，臀部后翘；右腿在前，左腿居后，打着赤脚，作两膝微微前屈状。其所着的浅裆宽肥长裤包裹着肥腴的臀部，因下垂而形成的数十道裤纹褶皱十分逼真。这样滑稽的形象具有很强的感染力，给人们留下深刻的印象。

　　四川地区出土的说唱俑数量颇多，这些说唱俑，乍看起来神态各具，妙趣横生。但仔细观察不难发现这些陶俑身材比例其实并不协调。他们多为上半身较长、下半身较短小，腹部鼓凸、弓背屈体，整体上看起来明显异于常人。再加上他们上身赤膊，故意张口吐舌，挤眉弄眼，确实滑稽有趣，喜感倍增。但这些独特、夸张以及娱人性的表情动作背后，也折射出汉代说唱俑原型的真实人生写照。

　　实际上，说唱俑又被称之为"俳优俑"，它们的原型即为历史文献中所提及的"俳优""俳倡"。在《左传》《国语》《史记·滑稽列传》诸书里都有此类职业的相关记载。

　　早期的"优"人主要以表演滑稽谐戏为生，兼行歌舞，汉代以后，"优"则以言语幽默引人发笑为业；"俳"则表演具有一定故事情节的小型滑稽节目"杂戏";"俳优"既能"抖包袱"甩笑料,又善边击鼓边唱歌,插科打诨不一而足。为了增添喜剧效果,这些说唱艺人多为先天不足的侏儒,在表演时,俳优们为了迎合观众,甚至不惜穿很少的衣服以博取大众的喜爱。目前所出土的说唱俑的造型,与历史文献记载相吻合,让我们得以真切地管窥古代说唱艺人利用自身的生理缺陷取悦上层社会,为了求生艰难而行的卑微人生状态。

汉代,从宫廷到民间,百戏流行,"俳优戏"是其中的杰出代表。说唱俑以灵动的形象、风趣的造型向世人展示其说唱、歌舞、器乐、杂技、角抵演出之魅力,彰显出汉代蜀地盛世娱乐文化的繁荣。说唱艺人们的表演内容通常取材于日常生活,使用乡音俚语,运用夸张的肢体语言制造视觉冲击,活泼欢快、激情满满地为宴饮助兴,卖力活跃演出气氛。这种非模式化、程式性的表演形式,冲破了传统礼乐制度的束缚,取而代之的是富有民间风格、底层韵味的自由式演绎。巴蜀人性格中的乐天知命与幽默风趣也有机地融合其中,促进了东汉时期说唱艺术的日臻成熟与广泛传播,不同种类的艺术风格、文艺表演形式均得到空前发展。因此,说唱俑可以称得上是中国古代陶俑艺术史上的扛鼎之作,也是中国曲艺发展史上的重要实物资料。

(陶俊竹)

东汉酿酒画像砖

何以解忧 唯有杜康

汉代人普遍嗜酒，『有礼之会，无酒不行』，当时酿酒工艺和酒肆发展迅速，四川地区出土的东汉酿酒画像砖让我们对汉代酒业的繁华和辉煌有更深的印象。

酒和酒文化，渗透于中华民族五千年的文明史中。从史前的原始酿造文化到夏朝"杜康造秫酒"，从酒器爵的出现到周朝的"酒礼"，中华传统文化如陈酒一般，积淀了漫长的岁月，留下回味悠长的味道。巴蜀地区土地肥沃、物产丰富、水源充足，有着悠久的酿酒历史。从出土的各类酒器、酒具来看，巴蜀地区至少在3000多年前便已经有了成熟的酿酒技术。到了两汉时期，巴蜀地区手工业快速发展，盐铁业、纺织业都已成规模，此时的成都也成为西南最大的商业城市，繁荣的商品贸易市场以及富足的巴蜀人民进一步扩大了酒业的发展，助推了酿酒、酤酒之风。直至今日，五粮液、剑南春等川酒依然享誉全国，并代表传统酒文化走出国门。说起

酿酒画像砖

东汉（25—220）

长49.5厘米，宽28.3厘米

四川成都新都区新农乡出土

名酒，深令四川人为之自豪。

四川博物院珍藏的东汉酿酒画像砖，让两千年后的我们能一睹当时巴蜀地区酒业的繁华和辉煌。

东汉酿酒画像砖画面上端为一歇山式屋顶的酒舍。酒舍前垒土为炉，炉内放置三个酒瓮。炉上置一酿酒的大釜，一人衣袖高挽，左手靠于釜边，右手在釜内操作，似在往缸内投酒曲酿酒。从人物造型看，这应是一名女性。女子右边一人手持量器正在贩酒。房屋的后壁上挂有两个壶状容器。屋外一人立于炉边，似在等着买酒；左面上端有一人，身着短衣裤，双手推着载有方形容器的独轮车正要离去；其下一人，肩挑酒瓮，回首后顾。

这件画像砖不仅再现了酤酒市场的鲜活场面，同时为我们了解东汉时期酿酒工艺提供了可靠的依据。巴蜀地区，酒的出现最早可以追溯到杜宇开创的开明王朝时期，据文献记载，当时的酒是用果实酿造而成。到了春秋战国时期，巴蜀地区的酿酒技术有了进一步的发展，开始出现谷物酒。这件画像砖中挽袖的女子将手伸入大釜中，似在放入酒曲。酒曲，是将曲霉投入蒸煮后的白米中，曲霉产生的淀粉酶会将米中所含的淀粉糖化，通过持续保温，促使米粒上长出菌丝，最后形成一团团酒曲。酒曲就是中国酿酒的精华所在。

两汉时期，生产工具的进一步发展大大提高了生产效率，加之巴蜀地区河流众多，水质优良，物产丰富，农作物多样化，保证了酿酒原料的种类和质量，使本地所产酒品质优良。酒类生产的迅速发展也促进了酒类市

羊尊酒肆画像砖

东汉（25—220）
长42.5厘米，宽25厘米
四川彭州升平乡收集

场的繁荣，多种经营模式逐渐产生。提到酤酒，人们常常会很自然地想起汉代卓文君当垆卖酒的故事。司马迁《史记·司马相如列传》中记载："相如与（卓文君）俱之临邛，尽卖其车骑，买一酒舍酤酒，而令文君当垆。相如身自著犊鼻裈，与保庸杂作，涤器于市中。"东汉以后，夫妻二人开垆卖酒的经营模式逐渐流行，正如这件画像砖上所刻画的"文君当垆，相如涤器"。

无论是《史记》还是画像砖上，我们都是看到有女子酿酒，汉代的女人为什么会承担造酒这样的职责呢？在汉代，厨事劳动基本是由妇女承担的，而酿酒是重要的厨事劳动之一，《列女传》对"妇功"的解释是"专心纺绩，不好戏笑，洁齐酒食，以奉宾客，是谓妇功。"由此，汉代女人的职责不仅仅是纺织绣花，在准备食物的同时还要准备好酒水。

东汉时期，巴蜀地区随着经济的发展，物质财富大量积聚，渐露奢侈之风，上至达官贵人下至平民百姓，对酒的热爱进入了一个新的境界，人们对酒容器的使用也更加考究。通过古籍记载以及各种石刻画面的记录，耳杯、酒壶、酒尊等在汉代宴饮中也是花样繁复，多种多样。

在四川博物院收藏的东汉羊尊酒肆画像砖中，给我们展示了造型独特的酒容器——羊形盛酒器。画像砖左端"酒肆"为单檐四阿式顶，屋前设一案，案下有两个带提梁的大酒瓮。案内一人正在售酒，他一手执量器，一手将盛好的器皿递出。酒肆外有两个宽衣博袖的沽酒者，画面的右上端有一案几，案上置一方形容器和两个羊形盛酒器，右下端一椎髻短衣裤者，推独轮车正要离去，车上放置一个羊形盛酒器。

我们可以在这件画像砖中看到三件羊形盛酒器。在很长的历史时期，羊都是我国主要的畜类和传统图腾，在我国历史文化中占有非常重要的地位。上古时期猪牛羊常作为重大祭祀的牺牲，羊还是财富、生活富裕的象征。羊天生性情温顺，不似其他动物凶猛易攻击人，是祥和的代表。同时，羊不仅可以供人类食用，还能提供丰足的羊毛、羊皮供人穿戴保暖，是一种经济价值极高的家畜。以羊为原型做成酒容器，不仅给我们展示了汉代人对酒的喜爱，也说明当时手工业技艺的精细和高超。

汉代人们在满足基本温饱之余，追求物质享受，饮酒形式多种多样，酒业市场亦热闹活跃。这两件定格了千年前繁华景象的画像砖，便是最好的印证。

（刘舜尧）

东汉翁仲石像

伏波故道风烟在 翁仲遗墟草树平

翁仲常见于帝王陵墓，是权势地位的象征。四川新津地区出土的东汉翁仲石像，造型古朴、形象独特，有极高的研究价值。

　　"翁仲"二字我们在很多地方看到过，无论是帝王陵墓前静默矗立的石人，或是古书典籍中记载秦始皇统一中国后，收天下兵器熔铸成大铜人立于咸阳宫外，还是唐代诗人柳宗元《衡阳与梦得分路赠别》中"伏波故道风烟在，翁仲遗墟草树平"的诗句，都可窥见其踪迹，那翁仲到底为何物？

　　"翁仲"一词最早出现于《淮南子·氾论训》"秦之时，高为台榭，大为苑囿，远为驰道，铸金人"，东汉高诱注曰："秦皇帝二十六年，初兼天下。有长人见于临洮，其高五丈，足迹六尺。放写其形，铸金人以象之，翁仲君何是也。"此时的翁仲是大金人或铜人的泛称，即秦始皇收缴天下兵器铸造仿"长人"之像的十二大铜人。秦始皇这样做，一方面是为了防

翁仲石像两件

东汉（25—220）
宽65厘米，高110厘米，厚45厘米
四川新津采集

止天下造反，另一方面也是受了长人国不死观念的影响。所谓"长人"即"长狄"，属于羌族一支，生活在新疆、甘肃一带，其地长期流传着不死的传说，并影响了周边的区域和民族。"翁仲"一词在今日的蒙古语中正有"偶像"和"鬼神"的意思。秦汉时期，匈奴人的"祭天金人"以及其石人习俗、思想传入了中原地区，逐渐和本土的神仙信仰融合。因此到了东汉，人们将石翁仲矗立于陵墓神道、宗祠寺庙中，起到辟邪驱魔的作用。明朝时期的书籍中出现了有名有姓的传奇人物"阮翁仲"，《大明一统志》卷九十讲到安南人物时，记载："秦阮翁仲。身长二丈三尺，气质端勇，异于常人。少为县吏，为督邮所笞，叹曰：'人当如是耶？'遂入学究书史。始皇并天下，使翁仲将兵守临洮，声振匈奴。秦以为瑞。翁仲死，遂铸铜为其像，置咸阳宫司马门外。匈奴至，有见之犹以为生。"这就完全曲解了秦汉时期关于"翁仲"的含义，这也许是由于文化传递中的信息偏差所引起的。

四川博物院收藏的两件石翁仲采集于四川新津（今成都新津区），为东汉时期所作。这两件石翁仲均为跪坐式，全身刻条纹。他们身着"V"领广袖长服，头戴平顶帽，帽束带于脑后结呈蝴蝶形，长脸尖下巴，高颧骨，圆眼粗眉，长鼻大耳，颌下有胡须，面部雕刻夸张有趣。仔细观察他们的面部，我们不难发现其与汉代以来矗立于神道两侧的石翁仲有所不同。根据现有的考古资料以及地面上遗留的翁仲来看，陵墓前安设的石翁仲一般采用中原地区文武官员的造型，穿着为汉人服饰。四川博物院收藏的这两件石翁仲则均系高鼻梁、深眼眶，面部轮廓较为立体，人物动作均非拱手而立，而呈跪坐式，为什么会出现这样与众不同的石翁仲呢？是因为在汉代人的观念意识当中，通常用这些高鼻深目、颧骨突出、头及脸部多发须的形象来代表匈奴人、西域人等有异于中原人的外族人，并称呼这种高鼻深目多须、形貌与东方人不同的人为"胡人"。这两件胡人石翁仲的发现，从侧面反映了两汉时期汉王朝与匈奴的关系。大汉王朝与匈奴，通过战争、互市贸易等交流，彼此的文化亦互相渗透融合。汉人在对匈奴不断同化的同时，匈奴对中原地区的饮食、器具、语言、风俗、社会信仰，以及绘画、雕塑、音乐、舞蹈等也都产生了广泛的影响。匈奴人深入汉代人生活的许多方面，其中包括参与农业生产、家务劳动、看家护院等。这两件石翁仲均为跪坐姿势，双手执一物于胸前，可能是以战俘的身份进入汉地，作为守门奴的形象来雕刻的。墓主人想以此来辟邪，佑护安宁，守住自己在另一个世界的荣华富贵。除了胡人，汉代的守门奴也有汉人，四川出土的画像砖以及墓门上多有此类形象的刻画，他们或拥彗，或手执剑、杖、斧、钺，均为定型化的武士形象。

这两件石翁仲均由红砂石雕刻而成，造型古朴浑厚，刀法简洁、形象生动，体现了东汉时期较为成熟的雕刻技艺。

（刘舜尧）

东汉七盘舞杂技画像砖

定格千年 曼妙依旧

汉代是我国乐舞、杂技等艺术发展最繁荣的时期，逐渐形成了以杂技为中心汇集其他艺术于一体的百戏。四川出土的东汉七盘舞杂技画像砖，把汉代百戏的柔美、飘逸和愉悦，表现得淋漓尽致。

仰望星空，纵跃而起，任清风拨弄霓裳，使巾袖迤逦，遁入云霄，或闲庭信步于浩瀚星辰，或载歌载舞于日月之间。这是在东汉定格的一帧乐舞场景——四川博物院藏东汉七盘舞杂技画像砖。

此画像砖，砖不过方尺，却集技艺、乐趣于一处，颇有意境，兼具轻柔之美与气势之美，彰显出蓬勃旺盛的生命力。画像砖自右向左为弄丸俳优、巾袖盘鼓舞伎和叠案柔术舞伎，由低到高呈斜线排列。

弄丸俳优最低最近，伸头探脑，屈膝行进，拧身弄丸，给人以滑稽逗乐之感外，其扭拧身体的难度和操控丸铃的娴熟技艺也让人称奇。弄丸也叫"跳丸"或"飞丸"，是杂技艺人用手熟练而巧妙地抛接玩弄丸铃的一

七盘舞杂技画像砖

东汉（25—220）

长48厘米，宽28.5厘米

四川彭州大平乡出土

种游戏。俳优双手配合，快速连续地抛接若干个丸铃，丸铃在空中飞转，于头顶之上划过一道优美的弧线，加上丸铃在俳优双手间起伏传递，周而复始，循环更替，似日月起落，又似斗转星移，极具美感。当时，技高者已能抛接九个丸铃。

叠案柔术舞伎最高最远，仅双手支撑倒立于几案之上，昂首向前，曲身若环，双脚倒悬于额前，身体柔软似无骨，袖巾、发带在清风中徐徐舒展。自一层案平地而起，往后每叠一案，保持平衡就愈加困难，及至叠十二层案，即全程须保持身形完美又要用身形微调平衡几案的晃动，难度极大。惊险之余，舞伎柔美身形如雨后彩虹，纤细腰肢留下温柔细腻的意象，"观者称丽，莫不怡悦"。

居中者为巾袖盘鼓舞伎，正执巾腾踏上行，在盘鼓之间超然若飞，是画像砖里浓墨重彩之笔，极具动感和意境。舞为七盘舞，是盘鼓舞的一种，在汉代极为流行，兴盛于黄河下游地区，多见于河南、山东等地，与中原相隔千里的蜀地得见此景象，可谓黄河文明短暂流经的"美丽意外"和中华民族同气连枝的"文化必然"。舞蹈所用七盘分散倒扣于地，中间放置两个鼓。盘鼓数量许是有考量：一说七盘象征北斗七星，而两鼓则分别代表太阳和月亮；另有一说盘鼓舞数字规律大概是取自汉代"数起于一，立于三，成于五，盛于七，处于九"的抽象逻辑理论，包含有道教"九为最尊"思想的渗透。尽管说法不一，汉代神仙思想投射到宴乐庭舞确是无疑，张衡的《舞赋》用"裾似飞燕，袖如回雪""提若霆震，闪若电灭"描绘盘鼓舞伎身形及动作，就很好地将七盘舞与飞翔、天文这类意义联系了起来。

舞伎头梳高耸的双髻，简以丝带装饰，身着紧身长袖衣，交领左衽，喇叭形袖口，腰如束素，手持长巾稍短于身长，下身穿着喇叭状长裤，裤脚系有超过尺余丝带。由傅毅在《舞赋》里所描述"罗衣从风，长袖交横"推断，舞伎所着服饰极为轻柔，动则生风。颇有意思的是，此画像中，舞伎穿着左衽，俳优穿着右衽。汉代习俗，以"右衽"谓华夏风习，而死者之服（寿衣）、陪葬的壁画和先人画像中，则用左衽，以示阴阳有别。另外左衽也指中国古代少数民族服饰。舞伎、俳优一左衽一右衽，也许与其舞蹈表达景象有关，似乎暗含凡人和仙人的区别，抑或是不同民族共聚一处和乐共舞。

汉代蜀地经济和文化十分发达，乐舞繁荣。此画像砖把舞蹈、杂技、戏剧结合成一体，俳优滑稽、舞伎飘逸、杂技柔美，兼容了丑与美、阳刚与阴柔、灵敏轻捷与顿挫滞重的不同风格，丰富了传情达意的手段，融合了中庸调和的理念，体现了汉代开放、包容的乐舞观。同时，汉代有"事死如事生"的习俗，恪守孝道的汉人为逝者极力营造富足绚丽的生活，甚至希望逝者受到仙人点化而得道。所以，便将现实中的乐舞和美好的期盼提炼绘制于砖石。整体画像意境深邃，充满着星辰之间漫天婆娑的诗意和对仙游的向往。

（王代乾）

东汉讲经画像砖

传道授业解惑

汉代，儒家学术进入一个黄金时代，不论是官学还是私学，讲经风气浓厚热烈。1954年出土于四川省成都市羊子山遗址的东汉讲经画像砖再现了蜀地的学习场景。

　　汉代是我国古代教育发展和繁荣的黄金时代。汉武帝时期，采纳了董仲舒的"罢黜百家，独尊儒术"的建议，儒学教育被提高到了"治国之本"的地位。两汉许多帝王贯通五经，尊师崇儒，许多诸侯王和皇室弟子也养成了崇儒好学的风气，官家教育得到很大发展。汉代兴学校和重选举，相对宽松的文教政策还促使了私学教育的复苏。到了东汉，私学更加兴盛，《后汉书·儒林传》中提道："自光武中年以后，干戈稍戢，专事经学，自是其风世笃焉。其服儒衣，称先王，游庠序，聚横塾者，盖布之于邦域矣。若乃经生所处，不远万里之路，精庐暂建，赢粮动有千百，其者名高义开门受徒者，编牒不下万人，皆专相传祖，莫或讹杂。"另一方面，汉代教育

讲经画像砖

东汉（25-220）
长46厘米，宽39.5厘米
四川成都羊子山遗址出土

与入仕相结合，使得社会各阶层读书的意愿更为强烈。这些制度为汉代统治者选拔了大量的人才，巩固了政治，为知识分子进入统治阶层开辟了一条道路，让许多有识之士能凭自己的能力，走入仕途，对整个教育事业起到巨大的推动作用。

四川博物院藏东汉讲经画像砖正好反映了东汉时期讲经授课的场面。这方画像砖近正方形，模制。画面左端一人为经师，坐于榻上。其上部设置遮蔽灰尘的"承尘"，有弟子六人设席跪坐，手中各执简牍。师徒之间相距约一丈，故后世尊称前辈或者老师为"函丈"。经师及弟子皆着宽袖长服，冠进贤冠。《后汉书·舆服志》曰："进贤冠，古缁布冠也，文儒者之服也。前高七寸，后高三寸，长八寸。公侯三梁，中二千石以下至博士两梁，自博士以下至小史私学弟子，皆一梁。"与经师相对的一位弟子腰间悬挂一书刀。佩书刀者可能为"都讲"，都讲是学舍之长。在先秦两汉时期，书刀是一种常见的文具，又名"削"。中国在未发明纸以前，用竹木简来写字，如果有错，便使用书刀来刮削，达到更改删除的目的。东汉时，蜀地生产的书刀已驰名国内，是馈赠佳品。成都市天回山崖墓出土的东汉"光和七年"的错金书刀就是书刀中的珍品，现藏于中国国家博物馆。

在汉武帝实行的"独尊儒术"的文教政策影响下，汉代各类学校涌现——中央官学最高学府太学、为皇室宗亲子弟开设的鸿都门学、宫邸学等专门学校以及地方学校。四川虽地处西南，然而儒学兴盛，讲经办学之风盛行。早在汉景帝时期，蜀郡守文翁特别重视教育，他派人从远地采石来修建校舍，所开办的学校称为"石室"，其遗址就在今天的成都石室中学。其间，他还派专人到长安学习儒学，再回到石室授课，然后将学有所成的人提拔成官吏，给蜀地营造了非常浓厚的学习风气。正如宋人李石《左右生题名》诗所言："蜀地虽远天之涯，蜀人只隔一水巴。自从文翁建此学，此俗化为齐鲁家。"《华阳国志·蜀志》记载："翁乃立学，选吏子弟就学，遣隽士张叔等十八人，车诣博士受七经，还以教授，学徒鳞萃，蜀学比於齐鲁。"《汉书·循吏传》中也记载："（文翁）修起学官于成都市中，招下县子弟以为学官弟子，为除更徭，高者以补郡县吏，次为孝弟力田。"

汉代的学校教育使得教师普遍受到尊崇和礼遇，他们师以传弟，开门授徒。有些世代传经、地位显赫的名儒硕士，或为帝师，或世居显位，进而成为影响汉代教育的重要力量。汉代教师地位受到尊崇，正是汉代统治者大力推行教化，社会教育繁荣发达，形成重知兴教风尚的必然结果。讲经画像砖就能从侧面反映四川地区儒学的兴盛和教师地位的尊贵。同时根据该画像砖，我们推测墓主人生前可能为一位经学大师。

东汉讲经画像砖为我们提供了生动、直观的画面，再现了汉代讲经授课的场景，反映了两汉时期"四海之内，学校如林"的盛况。

（孙　艺）

东汉西王母画像砖

霓裳飘摇难觅踪

中国神话故事中，永生是一个常见的主题。西王母与周穆王的传奇邂逅更为这个主题增添了尘世的烟火色彩。出土于四川成都的东汉西王母画像砖，内容丰富、形象生动，是画像砖中的神话主题精品。

画像砖起源于战国，兴盛于汉代，一般用于墓葬，既是建筑构件，也是图像、纹样的载体。而四川是汉代画像砖分布的一个重要地区，出土了很多实物，它们所涉及的题材十分丰富：有表现生产的，比如播种、收割、舂米、酿酒、制盐、桑园、采莲；有表现生活娱乐的，比如市集、杂技、庖厨、乐舞、讲学授经、收租告贷；也有关于墓主人的身份或经历，比如出巡、宴饮等，几乎包罗人生百态。这浓厚而鲜活的生活气息让我们仿佛穿越了时空，似乎一仰头就能呼吸到汉代的清新空气。

四川博物院藏东汉西王母画像砖出土于成都市新都区。画像砖上人物众多，但主次分明，正中心最高大的就西王母。它所表现的不是现世生活，

西王母画像砖

东汉（25—220）
长45.5厘米，宽40.3厘米
四川新繁清白乡出土

而是汉代人所追求的神话世界。

在中国古代神话中，西王母是一位非常重要的神祇。她并不等同于我们印象中《西游记》里召开蟠桃会的那位端庄的王母娘娘。根据《山海经》记载，西王母是一个有人的面庞、虎的牙齿和豹子的尾巴的半人半兽，她居住在昆仑山上的洞穴中，掌握着天罚和五残的大权，在愤怒的时候经常给人间带来瘟疫等各种不同的灾难。西王母最初之所以被描述为这样的形象，大概因为当时的人们每当遇到各种无法战胜的疾病或者天灾时，都会自然地将其归结为上天对人类的惩罚，所以在他们的认知里，上天掌管这些苦难和灾难的神灵自然长得凶残甚至丑陋。

但在战国以后，西王母的形象就开始逐渐被美化。成书于战国的《穆天子传》中，周穆王对西王母的追寻令人很难不联想到曹植对洛神的追寻。他们思慕的都是美好的女神。

到了汉代，大家甚至为西王母写歌："入天门，揖金母，拜木公。"这里的金母就是西王母，因为她居住在西方的昆仑山，西方在五行上属金。相对应的，东方五行属木，因此居住在东部蓬莱神岛上的神仙叫作木公，木公就是东王公。有一种考证的说法认为东王公的前身可能是东皇太一。本来没有什么联系的两位神祇，被有了点闲心的汉代百姓配作了一对夫妻。所以这首歌谣的意思就是如果人类经过修行飞升成仙，第一要做的就是去拜西王母以及东王公。因此可以看出当时西王母在民间的地位是极高的。

至于东汉以后，西王母被纳入道教的神仙谱系，成为众女仙之首，掌管长生不老仙药。《淮南子》中最著名就是后羿向西王母求药，后使嫦娥飞奔到月亮的故事。西王母由此也渐渐固定为我们印象中类似《西游记》里那种端庄而威严的女神样子。

回到画像砖，我们再次观察西王母的形象特征。她正面端坐于有华盖的龙虎座上，头戴一种名为"胜"的头冠，这不是女子头饰，而是帝王冠冕，为西王母所独有。这些细节是典型的四川地区西王母造型：有冠、有龙虎座，正面端坐。在四川以外的其他地区，西王母一般不会单独出现，而是与东王公并排坐在一起。

画像砖中，西王母左侧是九尾狐，狐身有翼。九尾狐见于《山海经》，是青丘的瑞兽。其下是玉兔，持灵芝草而立；王母座下有蟾蜍，直立而舞。玉兔、蟾蜍都居住在月亮中，这两种动物有时可代指月亮。其旁之三足鸟是为西王母觅食的使者，在神话中也可代指太阳，如唐朝韩愈诗"金乌海底初飞来"，说的就是太阳刚从海底升起。白居易诗"白兔赤乌相趁走"，还有俗语"乌飞兔走"，都是说月亮和太阳互相追赶，比喻时间过得快。画面左一持兵器而立者，是传说中的"大行伯"，有考证认为"大行伯"是张骞神化后的形象。右下角持笏而拜者应该是诚心求药或祈福的凡人。

整幅画没有多余的空白，仙人、仙兽、仙草、仙云占满了空间，满目的祥瑞，使人餍足。汉代是想象力飞扬的时代，无论现实如何，上到皇帝、下到百姓，都在心中埋藏着一个长生不老的梦想，如果要实现这个梦想，首先要进入这块画像砖所描绘的世界中。只要想到这是一个让生命升华的场景，你也许会觉得它已经不局限于神话的内涵。

（王伊韵）

东汉制盐画像砖

我为四川代『盐』

『五行水本成』，四川井盐是中国历史长河中重要的一味调料，为蜀地和川盐古道沿线的地区带去了生存的必需品。出土于成都邛崃的东汉制盐画像砖给我们展示了这个古老行业的生产过程。

画像砖多在墓室中构成壁画，有的也用于宫室建筑。画像砖主要用木模压印，然后经火烧制而成；也有的是直接在砖上刻出纹饰。画面的表现形式有浅浮雕、阴刻线条和凸刻线条。其题材可分为画像、文字和花纹等种类，画面内容丰富繁杂，因此，它们不仅是记录当时社会生产、生活的实物资料，更是古代绘画和雕刻艺术高度结合的珍品，是研究中国雕刻工艺的重要实物资料。

四川博物院藏东汉制盐画像砖来自东汉时期，反映的是古代生产井盐的过程。为什么生产盐这样的事情，值得刻画在画像砖上面？

俗话说："开门七件事，柴米油盐酱醋茶。"所谓"十口之家，十

制盐画像砖

东汉（25—220）
长46.6厘米，宽36.6厘米
四川邛崃花牌坊出土

人食盐；百口之家，百人食盐"。要知道盐不仅是重要的调味剂，更是生命不可或缺的必需品。它在人体内分解成 Na^+ 和 Cl^-，这是我们血液中存在最多的阳离子和阴离子，是维持神经肌肉的应激性、胃酸合成等所必需的物质。作为生活在工业发达的现代社会的我们，可能很难专门注意到盐的重要性，可是在生产力低下的古代，盐是稀有而珍贵的。正因如此，盐在汉代被称为"国之大宝"。那时候，人们制盐是通过煮咸水（卤水）的方式得来，所谓"天生曰卤，人生曰盐"。我们的汉字"盐"的繁体字"鹽"是一个会意字，上面的"卤"表示咸水，下面的"皿"代表牢盆、盐盘之类，加起来就是煮咸水为盐的意思。

正因为盐一直都比较缺乏，所以"民皆淡食"。在中国，凿井汲卤煎制井盐是一个古老而独特的制盐行业，由国家垄断，贩私盐是极其严重的罪行。这一垄断持续了 2000 多年，直到清政府改变历代官府对四川井盐业的控制方式，"任民自由开凿"，一定程度上才使井盐生产得以发展。

不仅是中国，盐在西方也是地位极高，"薪水"的英语单词 salary 就是由"盐"的英文单词 salt 转化而来；古罗马军队曾经给士兵发盐充作军饷。在风靡世界的小说《冰与火之歌》中还提到了一个来自中世纪的有意思的风俗叫作"宾客权利"：即当主人把面包和盐赠予客人食用过了，就表示双方用最珍贵的东西达成了契约——以后决不能在维持宾主关系的期限内做出伤害另一方的行为。

在我国，最早的盐来自大海，所以有黄帝的臣子夙沙"鬻海盐"的神话传说。而在远离大海的内陆地区，如果没有井盐，就只有用盐碱地的碱土清洗沉淀聊作替代了，内陆草原上的游牧民族所能得到的就是这样的"盐"。

观赏这块画像砖，你首先会被整个画面中一座座几何形的山丘迅速带入环境氛围之中。画面左端是一口大盐井，上搭两层高架，架上安装辘轳，其上系着绳索，架上四人分站于两层。右边二人系绳而拉，左边二人系绳而提，利用辘轳运转，以汲取井下卤水，并将卤水注入右侧蓄卤池中，然后经竹笕引入灶边的容器内，最后放在灶上煮。灶上有5件釜形器。一人俯身照看灶台，一人跪坐于灶门前摇扇助火，灶膛里火焰熊熊，灶后有烟囱。远处的一座座山丘中，布满了各种忙忙碌碌的人，许是山中取薪柴，也可能是运输盐包，还有持弩狩猎的，真是一幅动人的生产生活画卷！

这块画像砖出土于成都附近的邛崃。画像砖是模制而成的，类似的题材可能会来自同一个母本，所以成都平原地区出土有不少的盐井题材画像砖，形式内容大同小异，都表现了汉代四川地区井盐的取卤、输卤、煮盐的过程，一定程度上反映了汉代蜀郡盐业生产的盛况。正因有这样丰富的天然资源，才能有富庶千年的天府之国。

（王伊韵）

东汉车马过桥画像砖

车辚辚　马萧萧

秦汉时期，车马在社会生活中有着重要的作用，驾驭之术也因此备受士人重视。四川成都市跳蹬河出土的东汉车马过桥画像砖生动形象地反映了当时人乘车马出行的画面。

　　画像砖是一种应用于宫殿或墓室中，起装饰作用的建筑材料，它是战国至秦汉时期随着墓葬制度的发展演变而兴起的。

　　四川汉代画像砖的内容广泛，数量众多，一砖一画，堪称我国古代艺术的精华。民间艺术家们将社会生活中观察到的容纳了汉代社会历史信息的各种对象、事物和生活场景，通过模印刻画的艺术形式，形象而真实地展现在画像砖上。画像砖的艺术风貌天真质朴、写意传神、气韵生动、风格独特，犹如一幅幅有情有趣的世俗风情画，为研究汉代四川社会生活提供了重要资料。

　　四川博物院收藏的这件东汉车马过桥画像砖，展现的是两匹高大威风

车马过桥画像砖

东汉（25—220）
长45.5厘米，宽40厘米
四川成都跳蹬河出土

的骏马拉着一辆马车，在一名骑士的护卫下，奔袭经过一座木桥的场景。

面对着这件画像砖，我们仿佛能听到"踢踏踢踏"的马蹄声，能看见车马飞奔而过扬起的烟尘……好像是有人瞬间按下相机的快门，将时间定格在这幅 2000 多年前的画面上。

画面上有一座平板木桥，桥的两侧造有栏杆，桥板横竖交叉铺设，桥

軺车画像砖

东汉（25—220）
长48.3厘米，宽28厘米
四川彭州太平乡出土

的下面立有四排支柱，每排又各有四根柱子，排列整齐均匀，结构合理。正在通过桥面的是一辆双马拉辕、四面敞露、上面有一顶宽大结实的篷盖的马车，汉代称之为"軺车"。车里坐有两人，右前的那个人手拉缰绳，为御者；左后的一人宽衣高冠，笼袖正襟危坐，似官员。在车后还紧跟有一名骑士纵马相随。三匹雄健有力的骏马昂首挺胸，威风凛凛，前蹄高抬，撒蹄狂奔，似乎有重要公务亟待处理。1956 年，中国邮政曾发行了一组特种邮票，内容即为四川地区出土的汉画像砖，这件车马过桥画像砖就在其中。

由画面中的这座平板木桥，我们可以看出，汉代的造桥技术已经相当发达，桥梁已然是一种日常可见的公共建筑。汉代时，成都平原河流众多，成都城外有绕流的内外二江，城内也是河流纵横、沟渠遍布，是名副其实的"水上之城"。李冰修建都江堰后，成都平原水旱从人，经济得到大发展，铁制工具广泛应用，可通马车的木板桥和石桥逐渐取代了只能供人、畜行走的竹索筻桥。这些桥梁的存在，为汉代成都的交通运输提供了便利和保障，同时也进一步带动了经济文化的繁荣。

通过这件车马过桥画像砖，我们还可以看到古代生活中一种重要的马车类型——轺车。轺车是由车轮、车轴、车舆和伞盖组成，车在组装完成后需要涂漆，一般一辆车架一匹马，有时也可架两匹马，无论架马的数量如何，由车舆和伞盖组成的车厢都是敞露开的，就像今天的敞篷跑车，而且比较小巧。正是因为轺车车厢小、自重轻，且可以将伞盖撤除以方便疾驰，所以又称之为"轻车"。画面上的这辆轺车，它的车盖周围垂下四条帷带，并且缚系在车舆的轼或较上，这种轺车被称之为"四帷轺车"。四帷轺车车主与普通轺车车主的社会地位是不同的，前者一般是领取国家俸禄的官员，后者的社会地位则更低一些。

秦汉以来，车的驾马数量有严格的等级制度，汉代天子才能乘坐六匹马拉驾之车，即"所御驾六，余皆驾四，后从为副车"，根据社会地位等级的不同驾马数量递减。由此可见，四川博物院收藏的车马过桥画像砖中，乘用车马的很可能是一位外出公干的中下级官吏。

车马画像砖是四川汉代画像砖中数量和品种最多的一种类型，它是贵族生活的模仿或还原，其意义是力图使逝者继续享受一种比较富裕的生活，这是汉代社会普遍流行的厚葬思想与"事死如生"思想的体现。

在看到这幅车马奔袭匆忙过桥的"照片"时，我们不禁会问：他们将要驶向何方？根据四川出土的众多车马出行画像砖，如在新津、广元、广汉等地出土的各类"车马临阙"画像砖，我们可以看出，车马出行是要通过"天门"至"天阙"，那里早有人在阙门躬身等候接迎，最终的目的是到达仙境。由此可见，车马过桥中桥梁的形象也不仅是描画现实生活那么简单，它连接着不同的世界，使死者的灵魂能在两个世界里通行，这里的桥或是连通人间与仙界之间的枢纽。

（林勤艺）

东汉骆驼载乐画像砖

小小画像砖中的大千世界

驼铃阵阵，带来了远方的风情。四川固守西南，在历史的长河中见证了太多文明的交融，1979年出土于四川省成都市新都区马家乡的东汉骆驼载乐画像砖，是当时文化交流的写照。

四川出土的汉代画像砖，对汉代蜀人的生活品格和精神崇尚有着生动的刻画，小小一块画像砖，展现了四川汉代生活的大千世界。

汉代处于中国封建社会的上升时期，汉武帝时期改革制度，巩固和发展了秦始皇创立的统一局面和专制主义中央集权，稳定的社会和经济的繁荣，刺激了精神文化的需求，加之汉统治者提倡"以孝治天下"，行孝行为和升仙思想的流行，导致厚葬习俗盛行，用于墓葬装饰的画像砖大量产生。四川出土画像砖中的内容多关于农业生产、车马出行、商业与手工作坊、宴饮享乐、传统故事、神话传说和性等，内容丰富多样，为研究中国古代社会生活和艺术发展史提供了十分珍贵的实物证据。

骆驼载乐画像砖

东汉（25—220）

长42厘米，宽33.8厘米

四川成都新都马家乡出土

1979 年出土于四川省成都市新都区马家乡的东汉骆驼载乐画像砖，就是众多表现音乐和舞蹈的画像砖之一。这块画像砖为长方形，长 50 厘米，宽 40 厘米，运用浅浮雕加凸线、阴线刻的技法，线面结合，勾勒出了一幅立体而生动的画面。画面正中为一匹双峰骆驼，骆驼昂首张口，阔步前行，四肢矫健有力，气势昂扬。驼背上配有方形鞍，双峰之间有一建鼓，鼓上装饰有"羽葆"（"羽葆"是古时葬礼仪仗的一种，是帝王仪仗中以鸟羽连缀为饰的华盖）。鼓的右边有一戴帽子的高鼻梁、深眼窝的胡人，正在挥袖击鼓；由于砖有磨损，根据右边的胡人形象，结合左侧画面飞舞的长袖推测，应也有一胡人正在挥袖击鼓。

　　骆驼被称为"沙漠之舟"，它的驼峰可以存储脂肪，在没有食物时，可以分解成身体所需养分，供生存的需要，由于身形高大，又极度耐渴，是沙漠里最好的交通工具。汉代的巴蜀地区作为南方丝绸之路的起点，与北方民族及中亚、北亚、印度、伊朗等地区都有着密切的来往和交流。画像砖中出现的骆驼不仅是丝绸之路上的重要交通工具，同时也可能作为贡品奉给官家或作为货物售卖至巴蜀。

　　画像砖中的胡人头戴尖顶帽，眼睛深邃，高鼻子，应是汉代史书中记载的"胡奴"。起初，"胡"专指匈奴，后来，外来民族，高鼻多须，有异于华夏的人都被称为"胡"。学者们将胡人在汉地的身份大致分为使者、质子、商人、胡兵、胡奴、僧侣等，骆驼载乐画像砖中击鼓的胡人的身份可能是其中的"胡奴"。

四川地区是汉代胡人的重要聚落地。文献记载，由于四川南方丝绸之路打通了四川到身毒（今印度）的通道，四川作为西域和"身毒民"的居住地，不断有胡人通过不同方式进入蜀地，并定居下来，在四川很多画像砖和唐代的陶俑上都有所体现。胡人的到来给汉朝带来了大量美食、香料、奇珍异宝和异域乐器，如大家熟悉的带"胡"字的食物香料，胡椒、胡萝卜等；在乐器和舞蹈方面，琵琶和笛子均来自西域，而这种在骆驼身上的击鼓舞，被称为"胡舞"，又叫"胡旋舞"，也是从西域经丝绸之路传来。此舞在中原地区广泛传播，后来被上层阶级所接纳，成为汉代官吏出行鼓吹乐队的表演形式，这也是胡舞融入汉代文化生活的一种表现。

　　骆驼载乐画像砖中有个有趣的现象，画面中骆驼的形象与现实中的骆驼很不一样。这只骆驼张着嘴，露出像獠牙一样的牙齿，有恐龙一样的头，老鼠一样的圆耳朵，牛一样的蹄子，马一样的长尾巴，这和现实中的骆驼有很大的区别。想必，在当时的四川，骆驼毕竟是稀罕的动物，也许作画像砖者根本就没有见过真正的骆驼，只是听人描述从而导致描摹变形，因此骆驼被刻画得十分稚拙，却也不失乐趣。

　　似这样以骆驼为前驱仪仗，并由胡人在上击鼓的画面，在四川汉代画像砖中仅此一例，小小画像砖中还有更多的世界需要我们继续细细品味。

（高　洁）

蜀汉错金铭文铜带钩

不爱汪汉之珠 而爱巴蜀之钩

作为人们日常生活中的必备配饰，从原始的藤蔓到现在的金属皮革，腰带随时可以成为服饰中的亮点。四川博物院收藏的蜀汉错金铭文铜带钩，汉隶铭文古朴大气，北斗青龙俱备，有着极高的价值。

带是古代服饰中的重要附件，用以束在腰间。从商周之时起，带就分成了两类，一类以丝帛制成，称之为"大带"或"绅带"；一类以皮革制成，称之为"鞶带"或"革带"。带钩是带上所用之钩，主要用于钩系束腰的革带。西汉以前称之为"钩"，目前所知，《史记·齐太公世家》是最早出现"带钩"称谓的文献，其中有管仲偷袭公子小白，一箭"射中小白带钩"的记载。另外，带钩也有"犀比""鲜卑""饰比""犀毗"等称呼。目前考古发现的带钩，形式多样，长短不一，大的长近半米，小的仅 2—3 厘米。其中很多带钩有错金工艺或镶嵌珠宝玉石，也有的雕刻铭文，制作十分考究。

错金铭文铜带钩

三国·蜀汉（221—263）
通长11.9厘米，宽4.6厘米
四川博物院旧藏

　　带钩一般由钩首、钩体、钩纽三部分组成，普遍的用法是将带钩背面的纽嵌入革带一端，钩弦向外，与腰腹弧度贴合，钩首则钩挂在革带另一端的穿孔中；或将钩首穿挂在置于革带另一端的带环上用来悬挂武器和工具；有的则是用来悬挂配饰。制作带钩的材质有很多种，有金属类、玉石类等，目前常见的带钩很多为青铜铸造。《淮南子·说林训》："满堂之坐，视钩各异，于环、带一也。"一句"视钩各异"，体现出小小带钩反映着佩用者的身份和地位，代表着当时的审美与时尚。

　　四川博物院收藏的这枚带钩，钩首、钩尾均为圆形，钩身为扁条形，方形钩纽位于钩尾正中。带钩整体造型似中国的传统乐器"阮"，钩身上

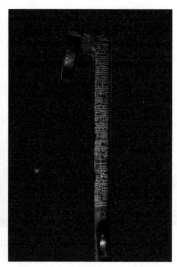

三国·蜀汉错金铭文铜带钩三面铭文

铸饰北斗七星。钩头、钩尾及钩身所铸的北斗七星上曾镶嵌宝石，现大多已失，仅余钩身一星（天璇）上尚存一绿松石。钩身三面错金铭文，共72字："帝尧所作，钩无长短。前适自中，后适自傍。主以辟兵，天圆地方。戴日报月，北斗列列，三昭在阙。璇□玉衡，□□宫卫，常保社稷，传于子孙。玉石金精，带敫四方，永无祸殃。寿比山海，与天相望。"带钩的钩首顶错金饰青龙，钩尾正面饰白虎、玄武，钩纽上饰朱雀。先秦古籍《鹖冠子》记："斗柄东指，天下皆春；斗柄南指，天下皆夏；斗柄西指，天下皆秋；斗柄北指，天下皆冬"。此钩身北斗七星的斗柄指向钩首，钩首错金青龙，似有代表天下皆春的意味，但究竟是春季铸造还是另有其他深意，还需再深入研究。

此带钩据传为20世纪30年代四川绵阳蒋琬墓出土。蒋琬，字公琰，零陵湘乡（今湖南湘乡市）人，为三国时期蜀国名臣。《三国志·蜀书·蒋琬传》记载诸葛亮说："蒋琬，社稷之器，非百里之才也。其为政以安民为本，不以修饰为先"。诸葛亮伐魏临行之际，曾向后主上奏千古传诵的

《出师表》，他在向刘禅推荐贤臣时说道："侍中、尚书、长史、参军，此悉贞良死节之臣，愿陛下亲之信之，则汉室之隆，可计日而待也。"其文中所提的"参军"就是指蒋琬。蒋琬曾为诸葛亮伐魏立下汗马功劳，诸葛亮称赞他为"社稷之器""共赞王业之才"，并在临终前向后主举荐蒋琬，"后事宜以付琬"。诸葛亮死后，蒋琬继诸葛亮为蜀丞相辅佐后主。

延熙九年（246）蒋琬在涪县（今绵阳涪城区）病逝，其墓位于绵阳西山之巅。《华阳国志》记载："涪县……，大司马蒋琬葬此"。《三国志·蒋琬传》记述蒋琬死后，魏国大将军钟会曾给蒋琬的长子蒋斌写信说打算瞻仰蒋琬的墓地、祭扫蒋琬墓莹以表敬意，希望蒋斌告诉他蒋琬的墓地所在。蒋斌回信给钟会说当年蒋琬患病，逝于涪县，占卜者说那是一块风水宝地，于是就在涪县安葬了蒋琬。后来钟会到了涪县，确如其致蒋斌的信中所言，祭扫了蒋琬墓。

四川博物院老一辈专家根据这件带钩的形制和富有汉赋风格的隶书铭文判断，此带钩当属东汉三国时期。铭文虽没有提及带钩为蒋琬所属，但是铭文内容如"三昭在阙"的"阙"字有至尊之义，"常保社稷"暗含主人应为国之重臣等，可见主人的地位是非常尊贵高显的。蒋琬在诸葛亮死后官至大司马，的确当得"三昭在阙""常保社稷"之语。此带钩或许是蒋琬自己的，也可能是刘后主给予他的赏赐，与蒋琬有关的可能性确实不可排除。带钩为人们随身之物，主人仙逝随葬，也十分合理。

（张丽华）

蜀汉景耀四年铜弩机

手挽硬弩 箭射敌甲

弓弩是冷兵器时代重要的远程武器，数千年来多次在战争中被大量使用。四川郫县出土的蜀汉景耀四年铜弩机，延续汉代弩机的铭文和格式，给我们带来古代战争的真实感触。

弓箭作为远射兵器，在春秋战国时期应用相当普遍，被列为兵器之首。"射"作为一种技艺是公卿大夫必须通晓的"六艺"之一。《吴越春秋》记载"弩生于弓，弓生于弹"，弩是在弓的基础上，加箭槽托和击发弩机发展而来。

弩是一种装有臂的弓，主要由弩臂、弓和弩机等部分组成。《说文解字》曰："弩，弓有臂者。"《释名·释兵》："弩……其柄曰臂，似人臂也；钩弦者曰牙，似齿牙也；牙外曰郭，为牙之规郭也；下曰悬刀，其形然也；合言之曰机，言如机之巧也，亦言如门户之枢机开合有节也。"由以上文献记录可知，弩的构造基本为：弓横于弩臂前端；弩臂用以承弓、

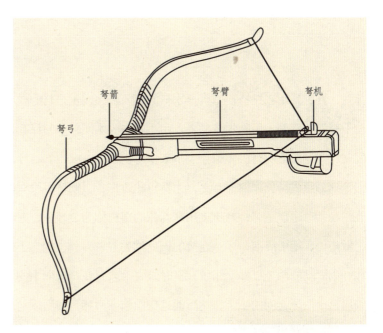

弩箭　　　　弩臂　　　　　弩机

弩弓

弩的基本构造

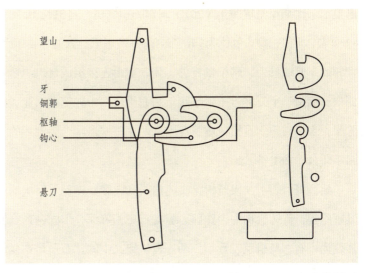

望山

牙
铜郭
枢轴
钩心

悬刀

弩机的构造

撑弦，并供使用者托持；弩机是木弩的铜质机件，也是弩的核心部件，安装于弩臂的后部，用以扣弦发射。由于弩多为木质，不易保存，考古极少发现，青铜质地的弩机多留存了下来。弩机主体一般由郭、牙、望山、悬刀等部分组成。郭，简而言之，为弩机的边框，早期弩机没有郭，大概在战国晚期时出现了郭；弩机上用来勾弦的部位称为"牙"，置于郭内；郭上做望山，用于瞄准；牙下连接的铜片称为"悬刀"，相当于扳机。悬刀和牙为联动的两个机件。张弦装箭时，将箭放置在弩机面上的矢道内，使箭尾抵于两牙之间的弦上，然后通过望山瞄准目标，向后扳动悬刀，牙下缩，箭即随弦的回弹而射出。

1964 年 3 月，在四川郫县（今成都郫都区）太平公社的一座晋墓中，出土了一件蜀汉景耀四年（261）制作的铜弩机。弩机长 16 厘米，最宽处12 厘米，状似枪型，主体为郭，郭内前方是用于挂弦的牙，牙后连有望山，铜郭的下方缺悬刀，两枢轴将郭、牙、望山连接组成弩机。弩机的铜郭一侧刻有铭文三十三字："景耀四年二月卅日，中作部左兴业、刘纪业，吏陈深，工杨安作十石机，重三斤十二两。""景耀"为刘禅的年号，景耀四年即公元 261 年。

此弩机沿袭了汉代弩机铭文的格式和内容，镌刻了弩机的铸造年代为景耀四年，监铸机构为中作部，监督官吏为陈深，工匠名为杨安，弩机的强度为十石，弩机重三斤十二两。弩机铭文中的"石"是古代的衡制，是计算弩的强度单位，120 斤为一石，蜀汉时的斤折合现在 0.4455 斤，"十石"

铜弩机

三国·蜀汉景耀四年（261）
长16厘米，宽12厘米
四川郫县雷家祠出土

应为现在的 534.6 斤。据文献及汉简记载，弓力有一、三、四、五、六、七、八、十、十二石等数种，最常使用的是六石，射程约合今 260 米。据《荀子·议兵》和《战国策》等文献记载，强弩可力达十二石，远射六百步以外。明《续文献通考》载，"周以八尺为步""秦以六尺为步"，以一步约为 1.4 米计算，十二石的强弩，射程至少可达 800 米。参照六石和十二石的射程，这件铜"十石机"的射程应在 500—600 米，当是两军阵前的重型兵器了。

关于弩的起源，有的文献记录说出现得很早，如《史记正义》注引《龙鱼河图》说"黄帝摄政，有蚩尤……造立兵仗刀戟大弩，威震天下，诛杀无道，不仁不慈"。但是，这些文献的记录目前没有找到实物为证。学者们根据考古发现和文献考证后认为，"弩，大概是春秋晚期楚国人发明的"，秦汉传说中也有"楚琴氏造弩"之说。传说春秋时期楚国琴氏自小精于木工，又喜欢射雁。他发现用普通弓箭射雁，看似瞄得很准，结果却往往十射九空，于是琢磨其中的道理，经过多次试验和改进，楚琴氏发明了弩机。

弩与弓相比，有非常明显的优势：一是射程远，弩张开弦时需要的力比弓大，所以它比弓射程更远；二是可以瞄准目标事先扣弦，等到需要时再发射，射击时更具稳定性，命中率更高；三是后期连弩发明后，这样的弩可以同时发射几支甚至几十支箭，战斗威力更强。

有关连弩的最早文献记载出自《史记·秦始皇本纪》"以连弩候大鱼出射之"。《词源》对连弩的解释为"可以连续发射的弩"。蜀汉之前的连弩，事实上只是把多张弩连在一起，此"连弩"的"连"应为连接、连合的意思，而不是连续发射。《三国志·蜀书·诸葛亮传》曰："亮性长于巧思，损益连弩，木牛流马，皆出其意。推演兵法，作八阵图，咸得其要"。经学者们考证，真正可以连续发射的弩是诸葛亮发明的诸葛连弩——损益连弩。另据宋代史料载，唐时西南民族中还在使用一种弩，当地百姓叫它"摧山弩"，据说就是当年的诸葛连弩。诸葛连弩是如何发射的，至今尚未可知，还有待于考古新发现来解开这一千古之谜。

（张丽华）

唐代滑石猪

似玉非玉 非玲却握

"无豕不成家"，这是中国古代民众对猪这种家畜重要性的生动解释。四川成都出土的唐代滑石猪，古朴豪放，为研究当时葬俗以及雕刻艺术提供了宝贵的实物资料。

在中国千年农耕文明中，猪作为一种养殖畜类，在人们的生活中扮演着重要的角色。早在新石器时代，人们就开始将猪的形象刻画或绘制在陶器上，只是当时的猪与我们现在看到的家养猪还有所不同，早期的猪长嘴、短耳、大眼，其造型更接近于自然界的野猪，而随着时间的推进，在稍晚一些的遗址中出土的猪的形象发生了变化，它的吻部逐渐缩短，不再类似于野猪，而是渐渐地向家猪的形象过渡。

四川博物院收藏的唐代滑石猪石雕出自成都羊子山遗址 M70 唐代墓葬，滑石雕刻，吻部较短，雕刻简洁，形态似家猪。

滑石是一种常见的硅酸盐矿物，又名画石、液石、膋石、脱石、冷石、

滑石猪

唐（618—907）

长5.5厘米，宽2.5厘米，高2.6厘米

四川成都羊子山遗址出土

番石、共石和璐石等。滑石多呈淡绿色、白色、米黄色，棕黄色、青黄色的比较少见。它通常为鳞片状集合体，油脂光泽，质地细而具滑腻感。滑石硬度低，便于加工制作，且润滑的质地有玉的美感。南宋地理学家周去非在《领外代答》卷七中说："滑石在土，其烂如泥。出土遇风则坚。白者如玉，黑如苍玉，或琢为器用，而润之以油，似与玉无辨者。"滑石的价格比玉便宜很多，产地也比玉多，因材料易寻，古代经常用滑石制作成多种器物用于随葬，如仿生活用具、仿礼玉与饰玉、仿礼乐与娱乐用具、仿兵器与工具、建筑模型、微型雕塑，以及其他丧葬用具等。

中国人对滑石的认识和利用历史悠久。早在新石器时代遗址中，就有掺和少量滑石粉的陶器及其他一些日用品、装饰品和人像等出土。滑石雕刻为猪的造型最早出现于西汉早期，滑石猪的出现与人们对玉猪的追崇有密不可分的联系。在汉代，人们将玉猪视为财富的象征，汉代贵族过世后普遍都双手持玉猪随葬，以期盼在另一个世界仍能手握财富、子孙昌盛。可是玉料难求，且价格昂贵。人们在发掘玉材的过程中，偶然发现了滑石，滑石质软、只需用简单的工具就可以随心所欲地雕刻，并且如果雕刻不满意还能轻松刮去重新雕刻。由于滑石具有较高的可塑性，更重要的是外观似玉，因此滑石猪取代了玉猪，开始在汉代中下层墓葬中陆续出现，尤其是在滑石矿产丰富的湖南、广西等地，甚为流行。早期的滑石猪仿汉代的玉猪的造型，强调写实。玉猪体型肥美，造型生动活泼，多见头大体肥，四蹄着地，嘴短粗、双耳上竖、尾贴后臀的站立形象。西汉中晚期到东汉

时期，滑石猪开始出现俯卧状且体态瘦长的长条造型，背部浑圆，一端稍尖作为猪头，头、尾和腹部均为平面状。魏晋南北朝时期战争频繁，动乱和分裂导致了玉料开采的不足，墓葬中滑石猪的数量、比例明显上涨，而其造型无固定样式，写实和抽象并存。隋唐时期，玉器的功用开始世俗化，不再作为固有的丧葬礼仪用具，滑石猪逐渐替代了玉猪作为随葬器物，并且造型继续发展，变得更为灵活多变，既有圆雕形，又有片状，有奔跑状，有静卧状，手法或夸张或写实，如此丰富的造型与唐朝繁荣发展的经济、文化和对外贸易的兴盛有密切关系。宋元明以后，随着丧葬习俗的改变，无论是玉猪还是滑石猪都基本不在墓葬中使用了。

这件滑石猪采用了圆雕的手法。灵巧的工匠用简洁的刀工，雕刻出一只做匍匐状的、憨态可掬的猪的形象，寥寥数刀，却让猪栩栩如生，这样的雕刻技术有"汉八刀"的影子。

滑石猪

所谓"汉八刀"，即指一种汉代独具特色的玉雕技法。秦汉时期，国力强盛，玉器的制作一改之前繁细雕琢的工艺，表现出豪放洒脱的风格。典型的"汉八刀"技法从雕刻玉蝉中得来，也是秦汉时期葬玉文化的产物。汉代时期，人们受"饭含珠玉如礼"的影响以及蝉由地下洞出而生的启发，多以玉蝉作琀，放入亡者的口中，以求死者"蝉蜕"复生，灵魂得以超脱。"汉八刀"在雕刻玉蝉时刀法矫健、简洁，且粗野豪放，锋芒毕露。这件滑石猪，从其雕刻刀工来看，简古、粗放，符合"汉八刀"的特点。

从全国范围来看，以滑石猪入葬的习俗在北方较为少见；而在南方尤其是战国至两汉时期的湘、鄂、赣等地区则较为多见。滑石猪多处于中下层墓葬中，但是在少数高级墓葬中也有发现。

根据出土此件滑石猪墓葬的墓志可以得知，该墓主人为石凝，祖籍渤海（今东北），后迁入河南洛阳。其祖父、父亲曾在绛州（今山西运城）、庆州（今甘肃庆阳）担任过长史、司马等较低级的官职。石凝卒于贞元五年（789），享年五十有三。他生活在唐中期，历经唐玄宗、唐肃宗、唐代宗、唐德宗四位皇帝，唐代宗永泰初年（765）后，他任梓州（今四川绵阳）别驾。石凝一生先后担任了"剑南东川节度右厢兵马使""试太常卿守梓州别驾"以及"银青光禄大夫"等官职，其具体事迹史书上并无明确记载，只能根据其他文献推测其与郭英乂、杜鸿渐、崔光远等同时期在川为官。

这件滑石猪为研究唐代葬俗以及当时的雕刻艺术提供了宝贵的实物资料。

（刘舜尧）

唐代邛窑绿釉省油灯

节能环保 非同一般

"照书烛必令粗而短，勿过一尺，粗则耐，短则近。书灯勿用铜盏，惟瓷盏最省油。蜀有瓷盏注水于盏唇窍中，可省油之半。灯檠法，高七寸，盘阔六寸，受盏圈径二寸半，择与圈称者"。这是著名诗人陆游任嘉州代理刺史时关于省油灯的记载。省油灯的流行区域主要在青衣江以东，沱江以西，岷江以北，大巴山以南，即今之四川盆地范围之内，是一类很有地方特色的器物。成都邛窑的省油灯随着陆游的文章而声名远扬，其制作工艺也得以传播到全国，使得各地瓷窑竞相仿制。

省油灯是四川邛窑烧造的极具代表性的器物之一，根据其釉料和烧造温度的不同，呈现青绿色、黄褐色、酱褐色和酱黑色。四川博物院收藏的

邛窑绿釉省油灯

唐（618—907）

口径11.9厘米，足径5.7厘米，高4.2厘米

四川邛崃县拨交

这件省油灯，釉色呈青绿色，是邛窑省油灯中的精品。邛窑始于南北朝时期，该时期邛窑古瓷窑的代表瓷窑为成都青羊宫窑和邛崃固驿瓦窑山窑、新津白云寺窑等；隋代是邛窑古瓷窑的发展期，该时期邛窑古瓷窑以成都青羊宫窑、邛崃固驿瓦窑山窑等为代表；初唐至盛唐时期是邛窑古瓷窑的成熟期，此时四川地区的成都、新津、郫县、邛崃、芦山、大邑等数十个县市都有瓷窑烧造，其中邛崃十方堂窑最具影响力；晚唐至五代时期是邛窑古瓷窑的繁荣期，这一时期胎质、釉色、花纹图案都有了空前的进步；宋代是邛窑古瓷窑的衰退期，该时期的代表瓷窑为成都琉璃厂窑和邛崃十方堂窑；南宋末期，邛窑古瓷窑各大瓷窑基本停烧。邛窑烧造省油灯的时间横跨唐宋两代，长达数百年之久，省油灯的实用性和科技意义影响深远。

这件唐代邛窑绿釉省油灯由上、下两部分组成，下部是一深腹碗形器，上部为口径一致的浅腹盘或盏形器，上下部之间有一个夹层，器内有把，腹侧有一小孔。根据分析，此类器物的烧制较一般陶瓷器更为烦琐，即先制作下部带孔的碗形器，再制作上部的浅腹盘形或盏形器，于胎泥未干之际将两者黏接，形成夹层，然后黏接把部，最后上釉，入窑烧制。

邛窑省油灯的省油原理与其器物造型有很大关系。陆游载于《宋史》的《老学庵笔记》中写道："宋文安公集中，有省油灯盏诗。今汉嘉有之，盖夹灯盏也。一端作小窍，注清冷水于其中，每夕一易之。寻常盏为火所灼而燥，故速干。此独不然，其省油几半。邵公济牧汉嘉时，数以遗中朝士大夫。按文安亦尝为玉津令，则汉嘉出此物，几三百年矣。"从省油灯的短嘴处注入清水，利用夹层中的冷水降低灯内油温以达到省油目的，夹层清水的传导散热原理是致使邛窑省油灯灯盏保持低温的主要因素，省油灯夹层清水的传导散热效果越好，灯盏的温度越低，省油功效越好。文中的汉嘉地近邛窑。唐代邛窑省油灯夹层储水降低灯盏温度，是现代冷却水降温原理的最初模型。凭借"扬一益二"的经济地位和特殊的地理优势，唐宋时期的四川人民将这一古代科技之光传播到了全国各地。

　　古代实用器物的发明和使用是人们长期生产和生活实践的需要，所以这些器物能从侧面反映当时的社会风俗和生活方式。从前文"书灯勿用铜盏，惟瓷盏最省油"可推断当时使用省油灯的多为读书人，唐代科举制度的推行，为寒门跻身权贵提供了平等的机会，他们为通过科考取得名利，常彻夜苦读。一名南宋读书人"每夜提瓶沽油四五文，藏于青布褙袖中归，燃灯读书"，油灯一晚灯油耗费大概5文钱，燃蜡烛的成本更高于油灯数倍。一些社会底层劳动人民也是这种灯的主要使用者，从"省油"二字便可见一斑。有学者计算，邛窑省油灯一定程度上能省油20%，一晚上能减少约1文钱的灯油成本。一晚上，燃蜡烛的成本是灯油的10—20倍之多，对贫困阶层来说邛窑省油灯确实具有一定的经济优势。因此，省油灯在市场上颇受欢迎。

　　这件唐代邛窑绿釉省油灯，造型优美，制作精良，是勤劳勇敢的巴蜀儿女智慧的结晶，它不仅给当时的寒门子弟带去了光明和希望，更是为科技发展的道路照进了一缕光芒。

（刘舜尧）

唐双鹊月宫盘龙铜镜

以人为镜 鉴古鉴今

唐代是中国传统铜镜铸造的鼎盛时期，当时铜镜不仅造型多样、纹饰讲究，铸造技法也达到了巅峰。四川博物院收藏的唐双鹊月宫盘龙铜镜，就是其中一件艺术珍品。

四川博物院收藏的这枚唐双鹊月宫盘龙铜镜，品相完好，为国家一级文物。铜镜直径 15.2 厘米，镜面为八曲葵花形，圆纽。镜纽位于铜镜中心，纽上方饰代表月宫的圆形图案，月宫中间为一棵枝叶茂盛的桂树，桂树左右两侧分别为正在捣药的玉兔和跳跃的蟾蜍。纽左右对称装饰两只喜鹊，呈飞向月宫的姿态，喜鹊口衔绶带，长长的绶带中间打着花结，末端连珠。纽下饰一蛟龙腾飞于波涛粼粼的海水之上，蛟龙两侧各有一朵祥云对称而饰。喜鹊自古就为祥瑞象征，是传报喜讯的吉祥之鸟，"衔绶"与"献寿"谐音，长长的绶带寓意"长寿"，加之蛟龙出海的祥瑞升腾、祥云相伴，整个镜面寓意长命百岁、福瑞吉祥。根据对其纹饰的解读，这件铜镜应属

双鹊月宫盘龙铜镜

唐（618—907）

直径15.2厘米

四川博物院旧藏

于唐代"千秋镜"的一种。

唐代是中国铜镜制造艺术前所未有的鼎盛时期，此时的铜镜突破了传统圆形，出现了葵花形、菱花形、方形、四方委角形等。唐初期的铜镜以瑞兽纹为主要题材，至高宗后，尤其是玄宗时，瑞兽纹退居次要地位，禽鸟、花枝等铜镜逐渐兴盛起来。在这个变化的过程中，千秋节的盛行、千秋镜的铸造和流行是导致铜镜题材发展变化的重要因素。

白居易的长篇叙事诗《长恨歌》可谓家喻户晓，叙述了唐玄宗与杨玉环"此恨绵绵无绝期"的千古爱情故事。而这位大诗人关于唐玄宗的另一首诗《百炼镜》，知者却不多。"太宗常以人为镜，鉴古鉴今不鉴容。四海安危居掌内，百王治乱悬心中。乃知天子别有镜，不是扬州百炼铜。"诗中提到了唐太宗著名的"以铜为鉴，可正衣冠；以古为鉴，可知兴替；以人为鉴，可明得失"的三鉴，讽谏唐玄宗不听张九龄等大臣劝诫，大搞千秋节、颁赠千秋镜，败坏了社会风气，以警示后人。

扬州，是唐代著名的铸镜地区，扬州的铜镜长期进献给朝廷，盛唐时期，扬州来往京城输送货品的船只络绎不绝，诗中所提"扬州百炼铜"，就是暗指扬州铸造精良的千秋镜。

千秋节，始自唐玄宗开元十七年（729），唐玄宗李隆基把自己的诞辰日八月初五定为"千秋节"，每年的千秋节，全国休假三日，举国宴乐欢庆。

至天宝七年（748），玄宗下诏将千秋节改为"天长节"。据载，天宝七年三月乙酉日，皇都突现祥瑞，在大同殿的柱子上忽然长出了灵芝仙草，并有"神光照殿"，宫里的兴庆池上也有祥云缭绕。文武百官在五月壬午日联合上奏，尊唐玄宗为"开元天宝圣文神武应道皇帝"，认为过去将皇帝的生日设为千秋节欠佳，因为"千秋万代"毕竟有限，希望皇帝顺应天道，将"千秋节"改为"天长节"，让大唐的江山"天长地久"。玄宗龙颜大悦，于八月乙亥日颁诏将千秋节改为天长节。据孙机先生考证，千秋节后来逐渐演变为我们现在的传统节日——中秋节。

千秋节时，唐玄宗在花萼相辉楼宴请百官，接受百官进献拜寿，百官进献的礼物中就包括铜镜。皇帝在千秋节赏赐群臣和群臣进献给皇帝作为千秋节贺礼的铜镜，被学者们称为"千秋镜"。有学者考证，目前发现的千秋镜中盘龙纹镜应该属于皇帝向诸王、公主等皇亲国戚颁赐的铜镜；双鸾千秋镜当是皇帝向四品以上其他官员所颁之镜；而"雀鸟衔绶镜""双鹊盘龙月宫镜"及各种"月宫镜"均属当时群僚们敬献给皇帝的千秋镜；另外，有衔花、衔绶带的吉庆鸟纹镜，如喜鹊、双鸾凤鸟、鸳鸯、大雁、小燕，及天马等瑞兽图案镜，甚至特种工艺镜等，亦当属各地臣僚奉献的千秋镜。

千秋镜，一献一颁，失去了铜镜照容正衣冠的原有功用，成了群臣荣耀的象征和把玩的珍品，更成了臣下向上攀附的工具和阶梯，上行下效，一经成风，势不可挡，造成了极大的浪费。今日留存下来的千秋镜，不仅是艺术的珍品，同时更是鉴往知来的千秋之鉴。

（张丽华）

唐代人首鸡身瓷俑

千秋万岁鸟 长生永寿梦

中国古代丧葬文化中，厚葬不仅仅是为了营造"事死如事生"的环境，还带有保佑逝者及其家人富贵绵长的意味。四川万县出土的唐代人首鸡身瓷俑，造型别致、做工精美，体现出先民丰富的想象力和精湛的制瓷技艺。

　　唐代社会空前繁荣，经济的高度发达造就了文化和艺术的昌盛，制瓷手工业也相应地呈现大发展的局面。全国各地烧造瓷器的作坊蓬勃兴起，制瓷工艺技术与造型装饰艺术不断创新和提高，无论是釉色、胎质还是烧造工艺都取得了重要成就。这一时期出现了以南方越窑为代表的青瓷，和以北方邢窑为代表的白瓷，史称"南青北白"。著名的青釉瓷窑有越窑、岳州窑、婺州窑、德清窑等。

　　1978年四川万县（今重庆万州区）驸马乡开展农田建设工程时，意外发现了一座沉睡千年的唐代墓葬，出土了一批青瓷武士俑、文吏俑、乐俑、侍从俑等，这批器物现大多藏于四川博物院。该墓葬在早年被盗掘过，

人首鸡身俑

唐（618—907）

底长7.8厘米，底宽6.3厘米，高9.2厘米

四川万县（现重庆万州）出土

盗墓者在寻宝盗掘中已将墓内随葬物洗劫一次，取走了他们认为价值高的宝藏，但是，令他们没有想到的是盗窃剩余的神态各异的"泥巴娃娃"也是该墓中意义非凡的宝贝。

这批瓷俑中有一件人首鸡身俑，无论造型还是制作工艺都十分精美。瓷俑为高岭土烧制，胎质坚硬细腻，釉色青中泛黄，釉质莹润亮泽，有很强的玻璃质感，表面布满细碎的冰裂纹。瓷俑上身作人形，下身为鸡状，伏卧于长方形座上；人头梳髻，胖脸，双目微合，昂首挺胸；鸡尾高翘，双翅展开，双脚张爪并列前伸，做欲飞之状，是古代瓷塑的典范精品。

"俑"是古代普遍使用的陪葬品，是一种代替真人殉葬的明器。人们希望死者可以在另一个世界过着与人世一样的生活，于是随葬品中就出现了模仿仆从、侍卫、乐舞伎等身份的偶人，以及一些动物形象的玩偶，它们被统称为"俑"。唐代主要烧制三彩陶俑，青瓷俑相对少见，因此这批青瓷俑的出土不仅对唐代瓷器研究具有重要作用，而且在民俗研究方面也有着十分重要的意义。

据学者考证，此种样式的瓷俑应是人面鸟身，属于象征长生不死的千秋万岁鸟。千秋万岁一词作为祝福长寿之语，多见于秦汉时期，汉代瓦当上便有"千秋万岁"的题字，说明汉代的人已经有意识地将这种长生思想与墓葬建立起了联系。汉代墓砖上，出现过将"千秋"两字书于白虎一侧，"万岁"两字书于青龙一侧，四字分列左右的现象。南北朝时期，墓室壁画中常见代表这种千秋万岁含义的一对人首鸟身形象，并有男、女两种不同的造型，其方位布局为男性人面的千秋鸟在左侧，女性人面的万岁鸟在右侧。到了唐代，墓葬中的千秋万岁鸟比较多见，它们通常被分置于棺台前或棺床的东西两侧，与一对镇墓兽、仪鱼等排列在一起，其功能是保佑墓主及其子孙长乐未央。千秋万岁鸟的形象可能来源于传说中孟舒与凤凰的结合形象，当与神仙信仰有关，其象征意义正是长生不死。将其制作成专门的随葬明器，是希冀亡者羽化登仙，从此获得永久的生命。这是墓葬中生命崇拜的典型体现。

这批墓葬瓷俑应为湖南湘阴窑所生产，湘阴窑在今湖南湘阴，始烧于隋代，盛于唐，衰落于五代。唐时湘阴隶属岳州，湘阴窑或为岳州窑，以烧青瓷为主，是唐代六大青瓷产地之一。该墓墓主冉仁才曾任湖南永州刺史，其妻为当时汉南王之女，因此，这座墓葬是夫妻合葬墓，当地人称之为"驸马坟"，明嘉靖二十年（1541）由嗣孙冉云重修。该墓的墓室结构及出土青瓷与长沙近郊唐墓基本类似，以人面鸟身俑为代表的青瓷从产地随主人落户万州，可见墓主人对青瓷的喜爱。

除了这件人面鸟身俑外，该墓出土的其他青瓷文吏俑、乐俑、侍从俑的姿态、面容以及神情都根据人物的社会地位、等级，刻画出不同的性格和特征。女侍从俑面部丰盈，眉清目秀，表情恭谨，梳成各式发髻，穿着当时流行的窄袖袒胸长裙；文官俑彬彬有礼；胡俑高鼻、深目；武士俑威严而庄重。这批造型别致、做工精美的湘阴窑青瓷，体现出先民丰富的想象力和精湛的制瓷技艺。

（吕　维）

前蜀兔形谥宝

方寸之间 评定一生

"事死如事生"是中国人很长一段时间的信条，生前的权力和地位，在死后要彰显在另一个世界，展示的方式就是谥号和印章。四川成都前蜀永陵出土的兔形谥宝，造型独特，真实反映了当时的丧葬制度。

谥号为中国古代所特有，当帝妃、诸侯、大臣以及其他地位很高的人去世后，后人按其生平事迹进行评定而给予或褒或贬或同情的称号，始于西周。秦始皇认为谥号有"子议父、臣议君"的嫌疑，因此把它废除了。而他自认"德兼三皇，功高五帝"，就将"皇""帝"连起来作为自己的称号。"皇帝"比上谥更加溢美，所以被历朝最高统治者欣然延用。到西汉时期，谥号又被恢复。而所谓谥宝，则是先仿制逝者生前所用的玺印，然后将谥号刻于预制的玺印上，与墓主人一同下葬，以显示其死后所得的称号与尊荣。东汉时期已有谥宝的雏形，而直到唐代中期，谥宝和谥册并用之制才完成定型。

兔形谥宝

前蜀（903—925）
长11.7厘米，宽10.7厘米，厚3.4厘米
四川成都永陵出土

四川博物院收藏的前蜀兔形谥宝 1942 年出土于成都西郊老西门外，也就是现在的永陵。宋代欧阳修《新五代史》说前蜀的开国皇帝王建死后葬于此，王建的儿子王衍在位六七年之间，曾数次拜扫；孟知祥入蜀，亦曾遣官修前蜀墓。《新五代史》中没有明说永陵在什么地方，直至南宋中叶，陆游游蜀，方说永陵在成都大西门外。自此之后，又有方志及杂记之说，辗转抄袭，但是都没法确指其到底在何处，以致永陵在发掘清理前，一直被误认为是汉司马相如的抚琴台。1940 年秋，抗日战争爆发，当时的天成铁路工程局为了挖建防空室而在此破土动工，于是，永陵被冯汉骥先生首次发现。当时因战乱无力发掘，先生便请当局将其暂时封闭。1941年春，四川博物馆（今四川博物院）成立，次年 9 月，由冯汉骥先生主持发掘永陵，这也是中国历史上首次科学发掘帝王陵墓。

　　根据冯汉骥先生后来撰写的《前蜀王建墓发掘报告》，整个陵墓分为前室、中室和后室，兔形谥宝出土于后室中，也是全墓最尊贵的位置，在它后面 20 厘米，就是王建造像。按照发掘报告中的描述，谥宝的外面应该还有一个宝盝，宝盝就是当时装谥宝的木匣，只是由于时间太久远，木质部分已经完全腐朽，只留下了宝盝外面的金属装饰。谥宝放于宝盝的正中，发现时纽已裂脱，玺身也裂为两段。由裂开处观察，其质地为纯洁温润的白玉，但表面已全部风化。谥宝中部略厚，稍呈隆起之状。纽雕为兔首龙身，身腹均刻鳞甲，尾部卷于右侧。鳞甲的上面原有贴金。前面阴刻凤纹，做展翅欲飞状，两边刻龙纹；后面刻兽形纹及云纹。谥宝印面阴刻

前蜀兔形谥宝印纽背面

前蜀兔形谥宝印纽正面

篆书谥号"高祖神武圣文孝德明惠皇帝谥宝"共十四字。与谥宝一起出土的还有白色大理石质的哀册、谥册。

据《逸周书·谥法解》记载，谥号的选定依据谥法，谥法规定了一些具有固定含义的字，供确定谥号时选择。谥号又分为官谥和私谥。官谥中有上谥、下谥、平谥的区分，上谥是表扬类的谥号，下谥是批评类的谥号，平谥多为同情类的谥号。我们看到的这件兔形谥宝所刻的谥号——"神""武""圣""文""孝""德""明""惠"，所选用的都是上谥中的字，给以墓主极高的赞誉。

该谥宝之所以为兔首龙形，应该与墓主的生辰有关。墓主人王建生于公元847年，丁卯年（兔年），于唐末加入忠武军，成为忠武八都的都将之一。因救护唐僖宗有功，被升为神策军将领。后来王建被排挤出朝，出任利州刺史，开始不断发展壮大自己的势力。天复三年（903），王建被唐昭宗封为蜀王，成为当时最大的割据势力。天佑四年（907），唐朝灭亡，王建因不服后梁而自立为帝，国号大蜀，史称"前蜀"。王建在位时期，励精图治，注重农桑，兴修水利，扩张疆土，实行"与民休息"的政策，蜀中得以大治。值得注意的是，公元907年，也是丁卯年（兔年），宋人秦再思《洛中记异录》中记载："蜀王建属兔，于天佑四年丁卯岁僭即帝位，乃以'兔子上金床'之谶"。所以谥宝上部的纽为兔首。谥宝出土时，人们在其右前方发现了银扣和玉饰，应为谥宝组绶上的装饰，由于时代久远，这些丝织品已经完全腐烂，只有上面的银扣和玉饰保留了下来。

兔形谥宝印面篆书

这件兔形谥宝是四川博物院藏一级文物,它不仅是判断墓葬性质和墓主人身份的重要依据,更是研究五代十国时期墓葬形制、丧葬制度、礼仪规格等各方面的参考标准。此外,谥宝兔头龙身的纽,雕刻技法十分娴熟,栩栩如生,具有极高的历史、艺术价值。

(刘舜尧)

前蜀玉大带

天生神物 堪配君王

华夏乃衣冠上国，礼仪之邦，服装及配饰向来讲究，上至冠冕下至鞋靴，都被赋予了特殊的文化内涵。前蜀开国皇帝王建永陵出土的玉大带，形制讲究、制作精致，是四川博物院馆藏一级藏品。

五代十国时期前蜀开国皇帝高祖王建的陵墓，史书上称"永陵"。20世纪40年代初，抗日战争如火如荼，人们在被盛传是汉赋大家司马相如抚琴台的成都老西门外挖建防空洞，意外掘开了尘封1000多年的永陵。发现时，玉大带同银钵、两个银盒、银猪等一起放置在墓葬中室棺中。王建墓的发掘者——考古学家冯汉骥先生根据当时墓葬情况推测：玉大带和银盒、银猪都是棺中殉葬之物，盗墓者当时将这些物品收集起来却因故没能带走。或许是因为盗取太多一时忘却，抑或是慌不择路时无奈舍弃，劫后余生的国宝幸免于颠沛流离的命运，最终成为四川

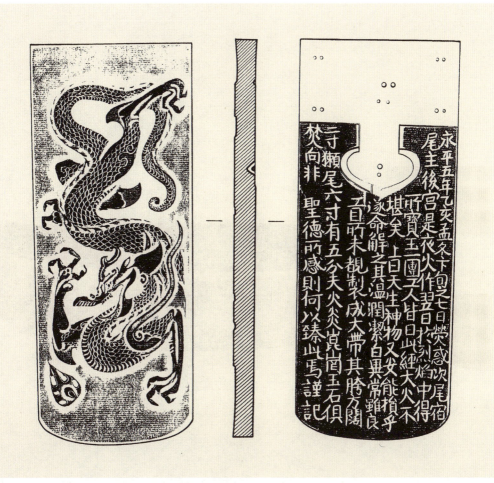

前蜀玉大带铊尾铭文

博物院的一级藏品。

　　出土时，玉大带只余銙七块，铊尾（又称獭尾）一方，银扣两个，鞓（革带）已完全腐烂，仅在銙和铊尾上还残存少量痕迹。目前我们所见的玉大带，是依据当时出土的情况复原而成的。大带的鞓分为两段，有銙饰的一段两

玉大带

前蜀（903—925）

玉銙每方约长8.2厘米，宽7.8厘米

四川成都永陵出土

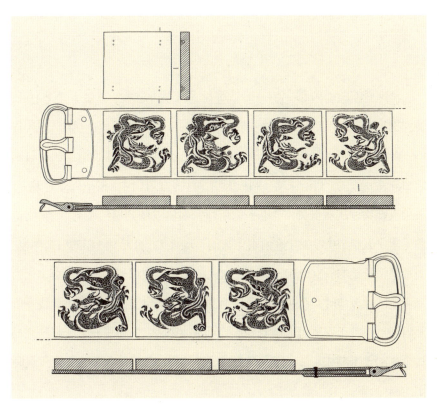

端各有一个银带扣，用银钉将其钉在鞓上；另外一段一端安装铊尾，无扣，仅在两端穿了若干个小孔，佩戴时扣针插入小孔中，把带固定在腰际。

玉大带的玉带銙及铊尾皆为洁白温润的和田白玉雕琢而成，背面均钻数个象鼻孔，以便将其用线或银丝钉缀在鞓上。七方玉銙大小略有差异，七方玉銙上均雕琢团龙戏珠纹，其中龙头向右的三方、向左的四方。铊尾长 19.5 厘米，宽 6.9 厘米，正面雕琢龙纹，铊尾背刻铭文，记录了制作玉大带的缘由。

铊尾背面阴刻楷书一百一十八字："永平五年乙亥，孟冬下旬之七日，荧惑次尾宿。尾主后宫，是夜火作，翌日于烈焰中得所宝玉一团。工人皆曰：此经大火不堪矣，上曰：天生神物，又安能损乎！遂命解之，其温润洁白异常，虽良工目所未睹。制成大带，其胯方阔二寸，獭尾六寸有五分。夫火炎昆岗，玉石俱焚，向非圣德所感，则何以臻此焉！谨记。"铭文记载了永平五年（915）发生在前蜀王宫的一场火灾。公元915年的一个深夜，前蜀皇帝王建的后宫燃起一场熊熊大火，无数珍宝顷刻间付之一炬，化为乌有。清理废墟时，在灰烬中意外地发现有一块宝玉，虽然被火焚烧，依然温润洁白。王建认为这块宝玉系"天降神物"，并命玉石工匠将这块劫后余生的宝玉制成玉带，随身佩戴。王建死后，玉带陪伴他在九泉下沉睡了1000余年。

早在先秦时期，带就是服饰中的重要部件，有丝质的大带和皮革质的革带两种。两晋时期，北方游牧民族使用"蹀躞带"，传入中原后逐渐成为历朝区别官阶品级高下的标志。蹀躞带由带鞓、带銙、铊尾、带扣等部分组成，带鞓指皮革制成的皮带；带銙是钉缀在鞓上的片状装饰牌，上面装环，可以用来系"蹀"（蹀是挂在带銙上的小皮条，用来挂一些小工具、物品）；铊尾安装在带的尾端，原本是为了保护鞓的尾端，后来主要起装饰的作用；带扣多为金属材质，装有活动的扣，起连接作用。因中原民族与游牧民族生产生活方式的差异，蹀躞带传至中原后，逐渐改变了形制。大约在唐代中期，带銙上的环和蹀消失，带銙失去了以往的功能性作用，仅起装饰和区别地位身份的作用。《唐实录》载："文武三品以上金、玉带，十三銙；四品金带十一銙，五品十銙；六品以犀带，九銙；七品银带；八品、九品鍮石并八銙；庶人六銙，铜铁带。"可见唐代是以带上銙的质地、用数为区别官阶高下的标志，佩用玉銙者地位最为高贵。

王建作为前蜀开国皇帝，他使用的带应该是最高规制的。王建墓出土的玉大带及墓内王建石造像所配戴均为七块带銙，由此可见，至晚唐五代时，銙的形制增大，数量减少，七銙当为晚唐五代以后最高级别的了。大概到了五代十国以后，就不以銙的多少来区别品位的高低，而仅以銙的质地来区别了。《宋史·舆服志》的记载也说明了这一点，其中对革带的叙述十分详细，但是也只是谈及銙的质地，没有对数量进行讨论。

玉大带是如何佩戴的呢？以现代人的想法来看，有銙装饰的一面当是带在前面的。然而，恰恰相反。《宋史·王旦传》中记载："有贷玉带者，弟以为佳，呈旦。旦命系之，曰：'还见佳否？'弟曰：'系之安得自见？'旦曰：'自负重而使观者称好，无乃劳乎？'亟还之。"由此可见，系玉带时自己是看不见玉饰的，结合王建墓出土的王建石造像来看，带銙都是佩戴在背后的。

（张丽华）

蜀石经

书于金石 以传千秋

中华民族历朝历代的统治者都极为重视其正统文化的传播，一些个人也付出极大的努力，将经典文化"书于金帛，镂之金石"。蜀石经就是其中的代表，是中国历代石经中字数最多、刊时最长、体例最完备、规模最大、资料价值最高的一种。

自从汉武帝"罢黜百家，独尊儒术"后，儒家经典著作就被颁行为京师太学和郡县官学的统一教本。古代的经书刊行，或用简牍，或用缣帛，辗转传抄，难免讹错，以致影响内容。汉灵帝有鉴于此，便于熹平四年（175）下令将经过校正的经文刻在石碑上，陈列于太学，作为标准本，以供校对传抄，勘定文字正误。这便是我国有文字记载的最早的石经——熹平石经。其后，魏正始石经、唐开成石经、后蜀广政石经等相继出现。

后蜀广政石经又称"孟蜀石经"，它的出现，既有历史发展潮流推动的原因，又与一些有识之士的努力分不开。五代时期，离乱之季，君臣失礼，弑君之风大行，统治者在这时就格外看重儒家学说中君臣的教化功能，推行儒经因此倍受后蜀统治者的重视与青睐。

孟蜀石经能够刊刻完成，毋昭裔功不可没。他是蜀石经刊刻的直接倡导者，据《十国春秋·毋昭裔传》载："昭裔性嗜藏书，酷好古文，精经术。常按雍都旧本《九经》，命张德钊书之，刻石于成都学宫。"又据奚椿年《中国书源流》所说，毋昭裔亲自主持了这次刊刻石经活动。在此之前，历代石经皆是由官方出资刊刻，唯独后蜀广政石经是由毋昭裔个人"捐俸金"刻制而成的。

毋昭裔比照熹平石经和正始石经，以文字内容更加准确的开成石经为蓝本，再对经文加以精心订正后镌刻成孟蜀石经。另外，还在每块经石的侧面刻有序列编号，使得各篇经文目次章节一目了然。与之前的三种石经比较，孟蜀石经的最大优点是加刻了经文的注文。石经分排书刻，正经大字径六七分，注解用小字双行刊刻，每三字占大字两格，分别注于篇章句中，清晰又醒目，并且注文都是用正楷书写，为参看阅读和正确理解提供了很大的便捷性。

历代史书中都不乏对孟蜀石经价值的肯定之语，明代杨慎在《丹铅录》说："孟蜀石经九经，最为精确。"不仅如此，孟蜀石经的书丹之人都是当时著名的书法家，字体精谨，镌工也是行家名手珠联璧合，"较开成石经尤为优美"。

据记载，孟蜀石经包括《孝经》《论语》《尔雅》《周易》《毛诗》《尚书》《仪礼》《礼记》《周礼》《春秋左氏传》，实际上既不是儒学

駉然
黑曰驪黃騂曰黃諸侯六

□馬有田馬有駑馬彭彭有

地水草既美牧人又良飲食

思馬斯臧 箋云臧善也
僖公之思遵

法反□□□無有竟已乃
思馬斯善多其所及廣博 駉駉牡馬

之野薄言駉者有騅有駓有騂

騏以車伾伾 倉白雜毛曰騅黃白雜毛曰
駓赤黃曰騂倉祺曰騏伾伾

力 思無期思马斯才 才多
材也 駉駉牡馬

在坰之野薄言駉者有驔有駱有駰

雒以車繹繹 青驪驎曰驔白馬黑鬣曰
駱赤身黑鬣曰駰黑

□無□

蜀石经《毛诗》残石

后蜀（934—966）
高36厘米，宽24厘米
接受捐赠

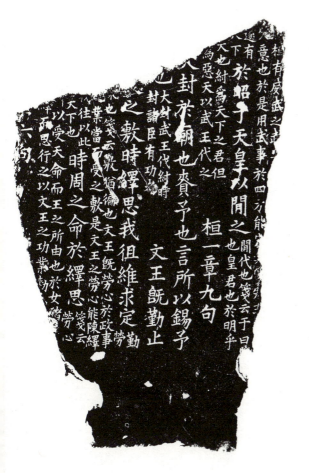

桓桓有威武之武王
天意也於是用武事於四方能定其家先王

遂有
天下　於昭于天皇以閒之　閒代也箋云于曰
　　　　　　　　　　　也皇君也於明乎

大也紂為天下之君但
爲惡天以武王代之　桓一章九句

□封於廟也賚予也言所以錫予

也　大封武王伐紂時　文王既勤止
　　封諸臣有功者

□之斁時繹思我徂維求定　勤
　　　　　　　　　　　　　勞

□也箋云斁猶偏也文王既勞心於政事
□業當而受之斁是文王之勞心能陳繹

□往以此　時周之命於繹思　箋云
天下也　　　　　　　　　　勞心

所以受天命而王之所由也於女諸
繹而思行之以文王之功業勑

□六句

蜀石经《毛诗》残石拓片

后蜀（934—966）
高36厘米，宽24厘米
接受捐赠经典十三经，也不是九经，而是十种儒经。后经北宋时期的多次补刻，至宋徽宗宣和五年（1123）十三经方才集结刻于成都府学，共计1000余块，字数在133万字以上。

宋元之交，战火纷飞，孟蜀石经毁坏殆尽，万余片碎石不知所踪。直到乾隆四十年（1775），福安康修筑成都城时曾得蜀石经残片数十块，后为什邡令、遵义人任思任（一作任思正）运归贵州，但其后又下落不明。

现可见存世的孟蜀石经残石仅七块。《仪礼·特牲馈食礼》残石一块，藏于中国国家博物馆；其余六块皆藏于四川博物院，它们分别为《毛诗》一块、《周易》两块、《尚书》两块、《古文尚书》一块。

这七块存世孟蜀石经残片中最为世人所熟知的当属《毛诗》残石。《毛诗》残石也是现存残石中最大的一块，质地为红砂石，双面刻正书阴文。

一面刻《鲁颂·駉》，残存11行，每行大字14字。起自《駉》篇郑笺注"牧之然则駉駉然……"，至"骆赤身黑鬣曰駵，黑身白鬣曰骆"。句下是毛传，起自"思无疆，思马斯臧"，至"思无绎"三字。存经文大字59，注文小字110。

另一面刻《周颂·桓》和《周颂·赉》，残存10行，每行大字14字。首行起自《桓》篇"克定厥家。于昭于天，皇以间之"。句下有郑笺夹注，至"桓一章九句"后，第四行起《赉》篇首小序，至《赉》篇末"赉一章六句"，句下有郑笺夹注。"赉一章"三字已损。存经文大字51，注文小字144。

孟蜀石经的刊刻，从后蜀广政元年（938）至宋孝宗赵昚乾道六年（1170），前后历时 230 余年，终成我国历代石经中字数最多、刊时最长、体例最完备、规模最大、资料价值最高的一种。其篆刻工艺精湛，科学艺术价值极高，是研究四川古代文化教育历史的重要物质载体。

　　抚今追昔，遥望残石上的斑驳字迹，似乎能想见一千年前，经碑俨然列置于成都学宫石室礼殿和经堂内的朝朝暮暮，该是何等肃穆与壮观。残石虽所剩无几，但蜀中崇文尚学的优良传统早已铭刻在后人的思想里、意识中，滋养着一代又一代的莘莘学子"修德成人，勤学为才"，促进着四川地区文化的蓬勃发展与持续繁荣。

（陶俊竹）

宋代广元窑黑釉兔毫盏

勿惊午盏兔毛斑 打出春瓷鹅儿酒

斗茶始于唐代而盛于宋代，宋代斗茶中涉及的诸如水、茶具、技艺等也达到了顶峰，深受社会各个阶层的喜爱。四川德阳出土的宋代广元窑黑釉兔毫盏，釉色均匀，是一件烧造技艺极高的艺术品。

　　在中国漫长的历史中，宋代是一个星河灿烂的朝代。它的社会经济和文化、思想水平达到了前所未有的高峰，也取得了多样化的发展。这其中，茶业和茶文化呈现前无古人的繁荣兴盛。宋人将饮茶从生活提升至了艺术层面——制一碗既饱含人情又充满美学意味的茶，是宋代最为时尚风雅的行为，斗茶随即成为宋代茶文化中典型的表现形式。在精心布置的环境中，原汁原味的茶粉经过反复击打，生成茶汤上的一道道白沫，经过一系列的仪式，斗茶最终成为集味觉、嗅觉、视觉等为一体的艺术盛宴。

　　斗茶最早流行于福建建阳一带，黑釉兔毫盏亦由此地最先开始烧造。由于斗茶集合了技巧性与趣味性，又契合社交与审美的需求，所以被文人

广元窑黑釉兔毫盏

宋（960—1279）
口径10.8厘米，足径4厘米，高6.4厘米
四川德阳出土

士大夫所钟爱。北宋时，斗茶之风已极为盛行，上至皇帝，下至士大夫、文人雅士，无不热衷于此，并争相在工具、材料、斗法上穷尽巧思与精致。福建建窑（今福建建阳）烧制的黑釉兔毫盏，釉色绀黑，纹如兔毛，在茶色的搭配下形成变化莫测的色彩，文人墨客一边欣赏碗中的白色汤花与兔毫建盏的黑色釉层相辉映的画面，一边品味茶的芳香、温度、味道，从感官到精神，达到无上愉悦。北宋晚期，建窑茶盏颇受皇室青睐，甚至一度专为皇室烧制，而隔海相望的日本，也十分喜爱建窑的茶盏，目前日本几件国宝级的茶盏中就有建窑的产品。

建窑黑釉兔毫盏因适用于斗茶也得到了宋徽宗的赞赏："盏色贵青黑，玉毫条达者为上"。宋人也著诗赞咏，蔡襄诗《试茶》云："兔毫紫瓯新，蟹眼清泉煮。"苏轼诗《送南屏谦师》道："道人晓出南屏山，来试点茶三昧手，勿惊午盏兔毛斑，打出春瓮鹅儿酒。"

宋代制茶业的发展与斗茶风的盛行也延及四川。因茶叶、茶具的需求量大幅增加，四川产茶区域遍及"川峡四路"，而四川的黑釉瓷器也有了飞跃的发展。

四川博物院收藏的这件广元窑黑釉兔毫盏出土于四川德阳景福公社。1983 年，德阳景福公社庭江六队社员犁地时发现了这处窖藏。一个以大铜盆为盖的大陶缸内存放了唐宋时期的铜器和瓷器共六十一件，包括十六套铜茶具和十五件黑釉瓷盏，这件广元窑黑釉兔毫盏便是其中之一。由此可以推断器物主人对饮茶的热爱，亦可想见当时四川地区饮茶之风的流行。

广元窑黑釉兔毫盏

该窖藏中除了两件铜镜为唐代的文物，其余多为四川常见宋代文物，因此整窖应为宋代时期所埋藏。

这件广元窑黑釉兔毫盏，灰褐瓷胎，釉色均匀。微弧腹下收至底，平底无釉，余通体施以黑釉，黑釉汁肥厚，且有个别缩釉痕及近底旋胫，刀削痕迹，黑釉上析出如兔毫斑的褐色结晶，盏近底部有聚釉痕，口沿一周为酱黄色。黑釉兔毫盏是一件烧造技艺极高的艺术品，更是一件与宋人日常生活息息相关的必需品，它的烧造与宋代斗茶之风的兴盛有着密不可分的联系。

四川黑釉瓷器体现了宋代瓷器艺术的特点，即注重造型的线条和器物的纹饰，尤其对釉色的审美要求极高。其主要釉色有漆黑、黑褐、绀黑等几种，其所呈现的纹饰有窑变纹、兔毫纹、袄猏纹、鹤鸽斑纹、油滴纹、辐射菊花纹、星点纹、鳝鱼皮纹，札花，等。

四川广元窑是黑釉瓷器烧造的集中地，其黑釉呈色丰富，这种变化是由于釉层厚薄的不同而形成的，一般可分为正黑、绀黑、棕黑三种，而此地工匠创造性地在黑釉中施撒黄色彩斑以形成玳瑁纹、虎皮纹以及油滴纹、兔毫纹等，使黑釉瓷器的观赏性和艺术价值可与吉州窑、建窑同类器物媲美。

广元窑的烧制与其地理位置和环境有关。广元，古属利州，是女皇武则天的故乡。素有"川北门户""兵家必争之地"的称呼。历史上，连接巴蜀和中原的道路主要是剑门道（又称"金牛道""石牛道"），广元是必经之地。广元又在嘉陵江边，顺江而下可通长江，嘉陵江和长江又把广元与长江中下游地区联结起来。广元的特殊交通地理位置，决定了这里是古代巴蜀与外地区人口流动、迁徙的交汇点。四川曾是南宋抗击金、蒙古的大后方和最后的根据地，其间各地曾有大量人口进入巴蜀。广元周边烧制瓷器所需的瓷土产量丰富，随迁徙人口传入的陶瓷烧造技艺与巴蜀本土工艺互相交流和融合，直接促进了四川地区制瓷业的迅速发展，这在广元窑黑釉瓷生产上得到了集中体现。

这件广元窑黑釉兔毫盏不仅代表了四川地区宋代制瓷业的较高水平，也像是一面反映宋代四川社会饮茶之风的镜子。当千年之后的我们捧起这件精美的瓷器，仿佛能观察到盏中注满白色的汤花，而茶之芳香清新扑鼻。

（刘舜尧）

德阳孝泉清真寺窖藏宋代银酒器

西楼促坐酒杯深 风压绣帘香不卷

唐诗宋词中，"酒"的出现频次很高。正如苏轼诗中所说："应呼钓诗钩，亦号扫愁帚。"人们得意时的激情、失落时的郁闷、开怀时的豪迈、思乡时的愁绪，都可借酒抒发。酒在宋代，更是人们雅致生活中不可或缺的角色，固然宋代文人有"烧香、点茶、插花、挂画"四艺的风雅，离了美酒，却也少了醉里看花的朦胧意趣。宋人如此精致的生活追求，当然离不开精致巧趣的酒壶、酒瓶、酒盏等器具。

宋人的酒器以瓷质居多，当时著名窑场如越窑、定窑、景德镇窑等，都生产瓷质精良的酒具。但宋代商业发达，社会富庶，金银器的制作技艺高超，因此，宋人的酒桌上也不乏金银器具。如宋代孟元老在《东京梦华录》所记，在汴梁的会仙酒楼里，"止二人对坐饮酒，亦须用注碗一副，盘盏两副，果菜碟各五片，水菜碗三五只，即银近百两矣。虽一人独饮，碗遂亦用银盂之类"。南宋周密在《武林旧事》"酒楼"条中也记载："熙春楼、三元楼、五间楼、赏心楼……已上皆市楼之表表者。每楼各分小阁十余，酒器悉用银，以竞华侈"。

1959年3月，在四川德阳孝泉镇清真寺发现的一件四耳陶罐内，窖藏了瓶、注子、注碗、杯、壶、盒、香薰等宋代银器共117件，部分现收藏于四川博物院。其中宋代银注碗、银如意云纹经瓶、银漏斗、银台盏，正是宋代流行的一套酒器，另还有菊花盏、栀子花盏等像生花式银酒盏。

宋银注碗一副

银注子，通体无纹饰。盖纽为塔状，盖口为直筒形，盖上有环与壶柄相连。壶身长直颈，折肩微斜，下腹为略鼓的筒形。底略内凹，柄为片形，流接于器身的折肩上，细长呈弯弧形，流口高于器口，便于注酒。柄上有"西宅"两字，底部墨书"冯宅"。宋代酒注常见这种形制。

银温碗，通体无纹饰。器身深曲腹，高圈足外撇呈喇叭形，圈足沿外卷。器身与圈足均为六瓣葵花口形。

注碗是一套组合酒器，由注子和温碗组合而成。注子又称"注壶""执壶"，用来倒酒，大约是在唐元和年间（806—820）出现。温碗中加热水，注子放入温碗中可以保持酒的温度。据唐代李匡乂《资暇集》所载，至唐代元和初年，人们饮酒依然是用酒勺在酒樽中舀酒，再分至每个人的酒杯

银注子

宋（960—1279）
口径6.4厘米，底径10.8厘米，高35.2厘米
四川德阳孝泉清真寺出土

银温碗

宋（960—1279）

口径18.36厘米，高17.3厘米

四川德阳孝泉清真寺出土

中。此后不久，有盖、有流、有横柄的注子出现。但在大和九年（835）发生了"甘露之变"，大臣们厌恶其与当时发动变乱的郑注同名，遂去掉注子的横柄，改成侧系，更名为"偏提"。

从目前出土材料及文献记载看，唐代还未见有配套使用的注子和温碗。注子、温碗配套兴起并流行，应是在五代以后。五代南唐顾闳中《韩熙载夜宴图》的最右侧案几上摆有两套注碗，在图卷中部一侍女端来的托盘内也有一套注碗，这充分说明在五代十国时期至少上层社会已使用注碗这种酒具。

出土实物中，瓷质的注碗较多，金、银等贵重材质的注碗当属五代至宋时期较高规格的酒器。河南禹州白沙宋墓第一号墓前室西壁壁画、四川泸县宋墓石刻中都有注碗的图像发现，成套的注碗与桌椅、杯盏、果碟等再现宋代士绅家居宴饮的场景。德阳孝泉镇出土的这套注碗，正好与这些壁画、石刻中的画面相印证。

宋银如意云纹经瓶

经瓶通体饰如意云纹。如意云头纹以二方连续式排列，达到了"满地装"的效果。瓶体直口，束颈，溜肩，深腹，底稍敛内凹。有盖，盖呈倒杯形，敞口，斜腹，平底。瓶底阴刻"东阳可久"字样。

经瓶，又称"京瓶"，为盛酒器。南宋人袁文著《瓮牖闲评》说："今人盛酒，大瓶谓之京瓶……普安人以瓦壶小颈、环口、修腹、受一斗、可以盛酒者，名曰经，则知经瓶者，当用此经字也"。四川泸县宋墓石刻中，亦

银如意云纹经瓶

宋（960—1279）
口径3.2厘米，底径5.5厘米，高20.7厘米
四川德阳孝泉清真寺出土

银漏斗

宋（960—1279）
口径14.7厘米，高12.6厘米
四川德阳孝泉清真寺出土

有仆侍手捧经瓶的图像。瓷胎的经瓶即梅瓶，自北宋至明清一直流行不衰。

宋银漏斗

漏斗通体无纹饰。漏斗上半部为六曲花瓣形，口微敞，折沿；下部为一由上至下略收的圆柱形，中部为空腔。银漏斗应为向经瓶等小口贮酒容器中注酒的器皿。

宋银台盏一副

宋"癸巳南宅号口"银盏托，通体无纹饰。盏托由上部承托、中盘、下部高圈足三部分组成，三部分分别锤揲成形，再采用锤揲技法连接在一起。上部承托呈圈足形托面，托面内凹，中部平，平肩，直腹；圆形中盘，宽沿，盘沿微上翘，略呈外高内低；中盘下接喇叭口形高圈足。盏托盘沿上刻"马氏妆奁""沈宅""癸巳南宅号口"等字。由铭文推测，这套银台盏可能是作为嫁妆而定做的器皿，为沈氏家藏。

宋银酒盏，通体无纹饰。酒盏直口，弧腹，喇叭口形高圈足。圈足一侧刻"己酉德阳"，对称的一侧刻"周家造"字样。标明了此盏制作的纪年和产地店家。

酒盏与酒台子合称"台盏"，是宋代常见饮酒器。酒台子即承托酒盏的盘，因盘心凸起一个承托盏底的承台，所以得名。一方面，酒盏的高圈足置于酒台凸起的承托上，起到了稳定酒盏的作用；另一方面，酒台将酒盏高高托起，应该也具有一定的礼仪性。在河南禹州白沙宋墓一号墓一桌二椅夫妻对坐的"开芳宴"壁画中，桌上就放着一套注碗和两副台盏。

德阳孝泉清真寺窖藏宋银台盏

河南禹州白沙宋墓壁画

"癸巳南宅号□" 银盏托

宋（960—1279）
盘径11.8厘米，高5.8厘米
四川德阳孝泉清真寺出土

银酒盏

宋（960—1279）
口径10.7厘米，高4.2厘米
四川德阳孝泉清真寺出土

银菊花盏

宋（960—1279）
口径9厘米，高4厘米
四川德阳孝泉清真寺出土

宋银菊花盏

盏为圆唇微外侈，口呈三十曲菊花形，腹部弧形，菊花瓣外凸。下部
接喇叭口形高圈足，微外撇，圈足亦成凸瓣形，共二十瓣。盏底内心锤揲
出凸圆点纹饰形成高浮雕的圆形花蕊。盏为锤揲加工成形，身与足为分别
锤揲成型后接成一体。

宋银栀子花酒盏

盏身为六瓣栀子花形，直口，弧腹。下部接喇叭口形高圈足，微外撇，
圈足也为六瓣花形。酒盏为锤揲加工而成，身与足为分别制作后焊接成一
体。圈足上一侧刻"周家十分"、对称的一侧刻"北仁兴号"字样。这些

银栀子花酒盏

宋（960—1279）
口径10.1厘米，高5.2厘米
四川德阳孝泉清真寺出土

刻铭标注的可能是制作作坊或销售店铺的名号。

　　菊花酒盏和栀子花酒盏均为仿生形，是宋代流行的装饰构图形式。器型仿生的装饰方法，亦称为"像生装饰法"，是指在实用器皿上模仿某个自然物（植物或动物）的形状，以获得一种自然、婉约、浑然天成的审美意趣。这种装饰方式在宋以前较为少见，到宋代时开始流行。宋代仿生形样式非常丰富，有莲花、菊花、梅花、芙蓉花、栀子花、秋葵花等多种，其中菊花形最为常见。

（张丽华）

德阳孝泉清真寺窖藏宋代银香器

篆香烧尽 日影下帘钩

香事渗透宋人的日常生活与精神领域，这不只是一种嗅觉享受和精致生活的点缀，已然成了时人的一种社会风尚。四川德阳孝泉清真寺窖藏宋代银香器给我们展示了宋人的风雅。

"烧香、点茶、挂画、插花，四般闲事"，是两宋文士风雅生活的重要部分。酌酒、品茗、读书、抚琴时，焚一炉香，在氤氲幽香中两相得宜，闲适优雅中更添意趣。

自古香事由来已久。先秦时期，人们就开始随身佩戴香囊和香草，《诗经》和《离骚》中都多有各类花草香木的记述。至秦汉时期，香料是丝绸之路上重要的商品，大量异域香料的输入，打开了我国古代用香的新局面。魏晋以来，佛教兴盛，焚香与礼佛密不可分，在这一时期，香事开始走入文人士大夫的生活。及至两宋，经历了唐代中外经济文化交流的大繁荣，香料品种极大丰富，香品有了细致完备的区分，几乎已达到了专香专用。

香道也由祭祀、礼佛走向了文玩日用，香文化可谓达到了顶峰。香之于宋代的文人雅士，其地位不亚于文房四宝，在生活中不可或缺。大文豪苏轼就是一位香道高手，他曾在正月时收取院中梅花花心上的雪，化而为水后加入香药，精心调制成合香。不仅如此，相传他还用奇石设计了一种"小有洞天"的香具，把小香炉放置其中，一旦燃香，香烟就会从奇石缝隙中袅袅升起，烟气丝丝缕缕，宛如云烟出岫，妙不可言。

焚香于宋人是闲适生活中的雅事，艺术化的追求也提升了香器的制作和审美标准，宋代香器之别致精巧值得细细考究。宋人陈敬所著《陈氏香谱》就专门编列了《香品器》一卷。其中所记宋代流行和使用的香器有：香炉、香盛（盒）、香盘、香匙、香箸、香壶（瓶）、香罂等。

德阳孝泉清真寺窖藏出土的几件香器，各有巧趣，宋人雅意略见一斑。

香盒

《宋史·礼志十四》："亲王舆中，设银狮子香合。"香合即为盛香之盒，是盛放香料的器具，宋人称之为"合子"。为了防止配制好的香料受潮或香气泄露，即把各种香品放入香盒中保存，方便在焚香时取用。宋时香盒形制大都以扁平盒式为主，材质以金、银、漆、瓷为主，其中漆盒和瓷盒较为普遍。四川德阳孝泉清真寺窖藏出土银盒六件，有学者认为这些银盒可能为女子的香粉盒或为铜镜盒，结合宋墓石刻中焚香画面，这些银盒作为香盒的可能性是最大的。匠人充分利用银的延展性，以手工锤揲、

凤衔牡丹纹压花银盒（一）

宋（960—1279）
口径9.1厘米，底径9.4厘米，高1.5厘米
四川德阳孝泉清真寺出土

錾刻、压模、鎏金等技艺，在银盒上锤打出一朵朵枝叶生动的花卉和动感
如生的雀鸟。这些银盒的纹饰构图立体，布局巧妙，使单一的金属表面上
表现出多层次的立体装饰效果，极富艺术感染力。

宋凤衔牡丹纹压花银盒（一）

　　银盒为扁圆形，平底。一凸弦纹将盒盖分为内外两区，内区为一对凤

凤衔牡丹纹压花银盒（二）

宋（960—1279）

口径 13.9 厘米，底径 11.1 厘米，高 5.5 厘米

四川德阳孝泉清真寺出土

鸟首尾相随环饰于盒盖中部，双凤口衔一支折枝牡丹，外区饰连枝花卉一周。

宋凤衔牡丹纹压花银盒（二）

盒为扁圆形，呈三十二瓣花瓣状，一凸弦纹将盒盖分为内外两区，内区为一对孔雀环绕一支折枝牡丹，首尾相随饰于盒盖中部，外区为一周连枝花卉纹，内外纹饰区均以鱼子纹为地。盒的上下口边有两周鱼子纹地如意云纹。

缠枝花卉纹镂空银盒

宋（960—1279）
口径12.8厘米，底径13.9厘米，高5厘米
四川德阳孝泉清真寺出土

宋缠枝花卉纹镂空银盒

盒为扁圆形，圈足。盒盖及上下口边均镂空纹饰。盒盖镂空纹饰分为
三区，中心为镂空团花纹，第二区域为连钱纹，外区为连枝花卉纹。内底
有"孝泉周家打造"六字。从其盒盖、盒身皆为镂空且有圈足来判断，此
银盒或为熏香之用。

凤衔牡丹纹鎏金银盒

宋（960—1279）
口径12.5厘米，高2.5厘米
四川德阳孝泉清真寺出土

宋凤衔牡丹纹鎏金银盒

　　银盒为扁圆形，平底，鎏金。盖中心阴刻双凤衔牡丹纹，外围为缠枝花卉纹，盒的上下口边皆刻云雷纹。

喜鹊戏莲压花葵形银盒

宋（960—1279）

口径11.4厘米，底径9.5厘米，高5.2厘米

四川德阳孝泉清真寺出土

宋喜鹊戏莲压花葵形银盒

　　银盒呈八瓣葵花形，平底。盖上八瓣葵花形纹饰区内，中心为团飞的一对喜鹊，外周为连枝荷花纹，上下口边各有一周卷草纹，寓意喜事连连，连年有喜。

喜鹊衔莲刻花银盒

宋（960—1279）

口径11.3厘米，高3.6厘米

四川德阳孝泉清真寺出土

宋喜鹊衔莲刻花银盒

　　银盒为扁圆形，平底。盖中部錾刻一只喜鹊口衔荷花，周围有莲叶、莲蓬，寓意喜事连连；边饰一周卷草纹。

香薰炉盖

两宋时期，香炉大致分为两种：一种是封闭式的薰炉；一种是敞开式的香炉。封闭式薰炉的盖在宋代有个特别形象的名字——"出香"，其中狮子、莲花等形象的"出香"最为常见。

宋串枝纹银香薰盖两件

两件香薰盖大小一致，香薰盖整体为半球形，直口，腹部微鼓，圆底。盖腹部饰镂空串枝纹，顶部饰莲瓣纹，顶部中间有一圆孔。这两件银薰炉盖均不见炉的下半部分。

类似的器型在宋代有瓷质香炉，香炉为上下对合的球形，盖上布满镂孔，下有高圈足。如扬州博物馆收藏的越窑青釉香炉，正是宋代流行的球形莲纹香炉。两宋时崇尚自然、清淡，莲花的宗教意义逐渐弱化，文人士大夫更追求其"出淤泥而不染"的高贵品质，于是这种球形莲花纹香炉作为高雅的把玩之物登上了文人雅士的几案。四川德阳孝泉清真寺窖藏的这两件香薰盖，顶部饰一朵莲花，推测其炉的下半部或许也刻有仰莲纹饰。焚香时，香烟从莲花中吐出，袅袅升起而溢散，不论视觉还是嗅觉，都是十分惬意的享受，反映出当时文人简约而典雅的审美情趣。

宋银博山炉盖

炉盖为圆锥状，整体为一座重峦叠嶂的山形。近口沿处装饰一周由三条弦纹组成的连续的菱形纹饰，每个菱形中饰一涡纹。博山炉出现于汉代，

串枝纹银香熏盖

宋（960—1279）

口径9.9厘米，高4.8厘米

四川德阳孝泉清真寺出土

银博山炉盖

宋（960—1279）

口径13.1厘米，高8.3厘米

四川德阳孝泉清真寺出土

因象征传说中的海上蓬莱、博山、瀛洲三座仙山之一的博山而得名。焚香之时，香烟从炉盖上的镂孔散出，袅袅轻烟如在山间萦绕，和道家追求的"海外仙山"还有几分契合。

四川德阳孝泉清真寺窖藏出土的银薰炉盖、银博山炉盖，仅为香器的一个部分，另外的组成部分可能为其他材质。按照当时的场景猜想，应该是兵乱或灾祸之时，主人将贵重的部分窖藏起来，而材质较为普通的部分只有放弃了。

自20世纪50年代以来，除德阳孝泉清真寺出土的银器窖藏外，四川还陆续出土了大量的宋代窖藏。这些窖藏大多分布在当时人口密集、经济富庶的四川盆地，埋藏时间大都集中于南宋宁宗嘉定至南宋灭亡期间（1208—1279）。这些窖藏多为当时的贵重之物，物主人或许为了躲避战乱，把这些贵重、心爱之物埋于地下，计划待战乱结束后再回来重建家园。然而，事与愿违，这些逃难而去的人们或许永远客居他乡，或者归乡后时过境迁，找不到原来埋藏的地方，使这些窖藏被永久地埋藏下来，直到被今天的我们发现。

（张丽华）

宋芙蓉花瓣纹金盏

满酌茶酒 花下醉春

中国古代的金银器，融合不同地域文化呈现多样风格，宋代的金银器普遍精致玲珑，雅趣横生。四川安县出土的宋芙蓉花瓣纹金盏，造型流畅、层次丰富、生动逼真，给我们展示了当时高超的工艺水平。

　　宋代可谓中国古代美学的巅峰时期，此时的金银器一改唐代的华丽繁复，造型多玲珑奇巧、新颖雅致、高雅简洁，具有更多的生活情趣。在目前发现的宋代金银器中，金银盏占了很大的数量。众多的宋代金银盏中，又以多曲花口形的像生金银盏为多。多曲花口形的金银器是宋代常见的器型，应是在唐代多口器的基础上沿袭下来的。匠人们将外来器型与华夏文化不断融合，通过改造与创新，逐步融合外来特征，使器型更符合我们本土的使用习惯和审美要求。

　　宋代爱花的风气堪称历代之最。赏花之风雅，不但在宫廷上层社会流行，在宋代文人乃至一般市井中也普及开来。欧阳修诗"深红浅白宜相间，

芙蓉花瓣纹金盏

宋（960—1279）

口径9.1厘米，高4.6厘米

四川安县出土

先后仍须次第栽；我欲四时携酒赏，莫教一日不花开"，道出了宋人对花的态度。在这样喜花、赏花、簪花、插花的花事中，式样新颖别致的花卉像生器应运而生，且愈发流行起来。追求雅趣的宋人，即便错过了花期，依然可以饮酒"赏花"，不亦乐乎。

像生，是指在实用器皿的器型上模仿自然界的某个植物或动物形状的装饰方法。宋代主要像生的对象就是花卉类的题材，这类像生器物在四川彭州金银器窖藏、德阳孝泉清真寺窖藏等都有出土，如菊花盏、秋葵盏等。宋代的盏与杯之间尺寸差别不大，通常人们把小而浅的杯子称为"盏"，是人们用以饮茶或饮酒的容器。

四川博物院藏芙蓉花瓣纹金盏，1973年1月出土于四川安县（今四川绵阳安州区）文星公社胜利大队，国家一级文物。这件金盏，使用了当时流行的锤揲、錾刻工艺，采用了重瓣、高浮雕等装饰方法，是宋代金器中的佳品。

金盏呈芙蓉花型，敞口，深腹，喇叭形圈足。盏与圈足分开锤揲成形后又锤揲连接为一体。盏口为八瓣三十八曲花口形，圈足为十八曲喇叭形。盏壁为双层重瓣形，上部八朵花瓣以顺时针方向叠压一圈，下部八朵花瓣则反向叠压，上下错落相交。内外壁每个花瓣上都錾刻长线，与花瓣曲度对应，形成花瓣的脉络，内壁花瓣的边缘锤揲出细密的小圆点，使花瓣更显立体生动。盏底中心部分锤揲出高浮雕圆形花蕊，向上凸起，花蕊周边有三花瓣相包，留出"人"字形蕊部。圈足上也錾刻与盏底垂直排列的直线，与盏壁相呼应。整器利用了锤揲工艺成形，又用錾刻的工艺錾出花瓣脉络的细节，强化了花瓣的立体效果，使器物造型流畅、层次丰富、生动逼真。金盏上的重瓣垒叠的装饰方法极具特色，别具一格。重瓣垒叠的做法在唐代就有，是把花瓣层层排列或叠压，既表现了装饰纹样，又形成了器物的形态，这种装饰方法到了宋代十分流行且工艺更加复杂。重瓣使器物表面装饰层层错位叠压，整体如盛开的花朵，极具观赏性。在四川彭州金银器窖藏出土的莲瓣纹金碗、江苏溧阳平桥窖藏出土的莲瓣纹银碗上都使用了重瓣垒叠的装饰手法。

锤揲是金银器成型工艺的常用方法，用锤揲法比铸造法耗用的材料少，非常适合质地柔软、延展性好又十分珍贵的金银器制作。金银加热后，锤打使其延展成一定厚度的金银片，再打造成所需要的各种形状，以便进行下一步的加工。另外，锤揲的方法除了打造器物的形状外，也用于纹饰的制作和器物各部分的连接，比如我们这件金盏，就是要在锤揲出金盏的基本形状后，再锤出双层的花瓣纹饰。錾刻，是利用錾子敲打金属表面，使金属表面出现印刻图案或呈现凹凸有致的立体装饰纹样的工艺。金银器皿完成锤揲塑形后，利用錾子再敲打出图案纹样，对金银器皿进行进一步的装饰，使器物的表面产生多层次的立体效果。

锤揲工艺早在三星堆、金沙遗址的金面具上就已使用，到唐代已经非常成熟。錾刻工艺始于春秋晚期，战国时期盛行，以后为历代所沿用。宋代几乎把这些工艺技术发挥到了极致，结合重瓣、高浮雕的装饰方法，打造出来的器物不仅是实用的酒盏，更是代表当时高超工艺的艺术品。

（张丽华）

宋龙泉窑青釉五管花插

五管花插承甘露 青瑶丛里出花枝

宋代龙泉窑以其『绚烂之极，复归平淡』的典雅风格，征服了宋代世人，甚至热销海外。四川简阳出土的宋龙泉窑青釉五管花插，造型独特、清莹如冰，反映了宋代世界一流的陶瓷烧制工艺水准。

四川博物院珍藏的这件宋代龙泉窑青釉五管花插出土于简阳东溪园艺场窖藏，1974 年当地群众在耕作时偶然发现。该窖藏原为初建于南宋的石室墓葬，后在南宋晚期和明代中晚期分别被用作窖穴来埋藏贵重的生活用品和商品。据考古简报，东溪园艺场窖藏出土器物共 612 件，其中瓷器 525 件，这件花插因其简洁雅致的独特造型、如冰似玉的莹润釉色而备受瞩目。

花插为折沿洗式，直腹，圈足，内底有五个空心直立小圆柱，柱下均有一圆孔作吸水之用。此造型来源于五代时郭江州所发明的一种新式花器——占景盘。宋人陶谷《清异录·器具》载："郭江州有巧思，多创物，

龙泉窑青釉五管花插

宋（960—1279）

口径14.5厘米，足径9.7厘米，高4.2厘米

四川简阳东溪园艺场出土

宋龙泉窑青釉五管花插

见遗占景盘，铜为之，花唇平底，深四寸许，底上出细筒殆数十。每用时，满添清水，择繁花插筒中，可留十余日不衰。"郭江州发明的铜质占景盘解决了盘花因器壁过浅难以使花枝直立的问题，改善了盘花的创作空间，是如今中式插花所用固定器具"剑山"的雏形，这一创意在当时也为瓷窑所仿制。焚香、点茶、挂画、插花是宋人吴自牧《梦粱录》中记述的"四般闲事"。宋代插花以清疏风格为美，这件五管花插通体光素无纹，线条简练，韵味十足，是类似花器中极为简洁的造型，与盘中插花相得益彰，正是宋代崇古尚雅文人意趣的生动体现。

　　青瓷类玉，以温润含蓄，静穆幽远为美。从商代晚期原始青瓷的出现到东汉烧造成熟，青瓷直到南宋龙泉窑时期才达到了顶峰。烧造龙泉青瓷的窑址主要集中在浙江龙泉境内，一般认为，龙泉青瓷创烧于北宋早期，南宋晚期为其极盛期，至明中期以后逐渐走向衰落，是中国制瓷史上历时最长的一个窑系。

　　南宋时期，龙泉窑烧造出粉青和梅子青两种青釉瓷，成为青瓷釉色与质地之美的顶峰。宋代发明的石灰碱釉是使龙泉窑这两种釉色与众不同的秘密所在。在此之前，龙泉青瓷一般施石灰釉，釉层薄而透明，呈现出类似玻璃质感的强烈光泽。而石灰碱釉在窑内高温状态下黏度较大，釉料不易流动，因此便于多次施釉，形成肥厚的釉面，窑工通过控制烧成温度和还原气氛，可以使得釉面乳浊失透，形成柔和淡雅犹如青玉一般的艺术效果。龙泉窑烧造出来的青中带粉的釉色便是著名的粉青釉，通常有青中闪蓝的视觉感受。在显微镜下，乳浊的粉青釉层中可见大量小气泡和未熔石英颗粒，它们能使进入釉层的光线发生强烈散射，带来别具一格的审美体验。而梅子青釉相较于粉青釉，烧成温度更高，所需还原气氛更强，釉质也更厚，使得它的釉面略带透明，釉色绿而青翠，且仍具粉嫩之气，如莹润翡翠，如枝上青梅。

瓷胎对釉面的质感也具有重要的影响。龙泉青瓷在厚胎薄釉青瓷的基础上，改进了胎土配方，掺入一定量的紫金土，增加氧化铝和氧化铁的含量，一方面能使瓷胎变薄，便于多次施釉，另一方面又能使胎色白度降低，让釉色更显深沉含蓄。这件龙泉窑梅子青釉花插，胎薄釉厚，光洁无瑕，沉凝郁润，清莹如冰，温润似玉，展现出宋人对清丽雅致美学意蕴的无限追求。

在众多的历史文化遗存中，窖藏是一种特殊的存在，它不同于遗址和墓葬，通常是原主人在生前为保存贵重物品而主动进行的埋藏方式。因此，发掘出土的窖藏器物一般较为精美完整，且多具实用价值。考古所见，窖藏这一行为大致可上溯到新石器时代，四川境内发现的历代窖藏数量多、分布范围广、时间跨度大，而宋元窖藏在四川地区的集中出现又有其特殊的历史背景。目前，四川省内虽发现有 30 余处宋元窖藏，但埋藏时间主要集中在南宋晚期至南宋灭亡这一段时期内。自绍定四年（1231）蒙古军借道伐金攻袭四川，至 1279 年南宋灭亡，四川地区经历了长达半个世纪的宋元战争。为了躲避战乱，原主人便将这些不便携带的贵重之物匆忙埋入地下，企望有朝一日能重返故土。

简阳东溪园艺场窖藏共出土两件造型一致的龙泉窑青釉五管花插，也是目前所见举世仅有的两件。四川远离南宋朝廷和龙泉窑产地，竟会出土如此数量众多、品相精美的龙泉青瓷，也是龙泉青瓷备受青睐、广销外地的又一实证。

从商代晚期原始青瓷到南宋龙泉青瓷，2000多年的岁月里历代制瓷人都极力追求青瓷釉色与质地之美，透过这件巧夺天工、如冰似玉的龙泉窑梅子青釉花插，青瓷中的极品之色跃然眼前。在距离宋元之争数百年后的今天，这一件完整如新的窖藏之物向我们述说起一段尘封的历史，提醒着我们和平的珍贵。

（吕　维）

蜀锦

女郎剪下鸳鸯锦 将向中流匹晚霞

"织成蜀锦千般巧，不出当时一只梭。"数千年来，飞梭在起起落落间，成就了成都"锦城"的美名，也留下了世人对美好生活的愿景和祝福。四川博物院收藏的宋米黄地八答晕纹蜀锦，工艺繁复、典雅大气，达到了锦类布色极高的艺术境界。

1995 年 10 月 11 日，考古学者在对新疆和田地区的一处尼雅遗址进行抢救性发掘时，发现了精绝国王与王后的夫妻合葬墓。在墓男主人右肩上部，有一块织有图案文字的锦护膊，它的文字内容"五星出东方利中国"令人瞬间眼前一亮。果然，"五星出东方利中国"织锦后来被誉为20世纪中国考古学伟大的发现之一。更令人惊奇的是，经考证，它竟来自数千千米外的蜀地，是一块地地道道的蜀锦。

"濯锦江边两岸花，春风吹浪正淘沙，女郎剪下鸳鸯锦，将向中流匹晚霞。"在唐代大诗人刘禹锡眼中，蜀锦之美，可以媲美天上彩霞。

蜀锦，有"天下母锦"之称。它兴于春秋战国，盛于汉唐，繁于明清。

米黄地八答晕纹蜀锦

宋（960—1279）

长31厘米，宽15厘米

四川博物院旧藏

中国的织锦文化源远流长，古蜀地区在上古时期就出现了织锦文化的传统。《华阳国志·蜀志》中说："有蜀侯蚕丛，其目纵，始称王。"古蜀首位先王蚕丛氏穿青衣，教民蚕事。古蜀人养蚕是为了织帛，帛就是最早的锦。

有句话说：三千年成都，两千年蜀锦。蜀锦与成都融为一体，它代表了这座城市的开放包容、创新创造，是成都带给世界的珍贵礼物。成都建城后，秦王在成都城内修筑了名为"锦官城"（又名锦城）的官办工厂，专门用于生产蜀锦，其管理织锦的官员被命名为"锦官"。《华阳国志》则记载："夷里桥南岸……道西城，故锦官也。"《益州记》说："锦城在益州南笮桥东，流江（锦江）南岸。昔蜀时故锦官处也，号锦里，城墉犹在。"由此考证，锦官城应该在成都锦江（古流江）的南岸，今百花潭公园以东至彩虹桥的大片区域。"锦城""锦官城"慢慢成为成都的别名，当人们以"锦城"想象这座城市时，无疑是美好而浪漫的。

西汉时期，蜀地匠人研发出了新型的提花机织造蜀锦，使得织锦业日盛，蜀锦织造技巧日趋熟练。2012 年，成都老官山汉墓出土了 4 部西汉时期的提花机模型，这是世界上最早的提花机模型，代表了当时世界织锦技术的最高水平，填补了中国乃至世界纺织史、科技史的空白。值得一提的是，4 部织机模型的周围还有 15 件彩绘木俑，每个木俑的左胸用不同的墨书来区别织工的各种司职，可见汉代的蜀锦织艺工序上就运用了分工合作的概念。左思《蜀都赋》云："阛阓之里，伎巧之家，百室离房，机杆相和。"可谓对蜀中织锦盛况的生动描述。

据《史记》记载，蜀锦在汉代作为贡品进贡朝廷，朝廷则用此来赏赐百官贵戚；在北方丝绸之路上，蜀地工匠的心血之作被商人高价贩卖给沿途的王公贵族；由此，锦官城堪称"国家工厂"。

三国时期，诸葛亮恢复锦官职位，把蜀锦上升到蜀汉政府的"战略物资"高度。当时蜀锦不仅畅销西南，还远销中国的北方和东南。尤其是随着蜀地与长江流域各地区的商贸往来日趋频繁，蜀锦及织造技术大量输出，促进和推动了江南织锦业的发展。

在唐代，蜀锦出现了纬线提花技术，这对后期苏州的宋锦和南京的云锦产生了重要影响。唐代，蜀锦的"陵阳公样"引领时尚潮流，成都"衣被于天下"，成为世界织锦之都。

宋锦不仅继承了蜀锦斜纹的衣钵，也继承了两个经轴的织造技术。因此，宋锦与四川古代的蜀锦联系最紧密。宋代，蜀锦风格清秀典雅，但出现了很多富有生活情调的主题。灯笼、秋路、八答晕和紫曲水为当时著名的锦样。四川博物院珍藏的这件宋代蜀锦即为八答晕纹。所谓八答晕，即锦面图案是从八个方向射出花纹，又名"八路相通"。

到了明清时期，蜀锦又出现了缎纹起纬花，这又影响到后来的云锦。云锦最经典的就是缎纹为地，纬向起花，也是向蜀锦学习借鉴而来。

在中华文明对外交往史上，蜀锦更有着不可磨灭的功绩。在古代欧洲人的眼中，来自东方的丝绸是一种奢侈品，而蜀锦则是其中顶级的奢侈品。

公元前 4 世纪，希腊人称中国为"丝国"，丝绸在古代的中亚、西亚以至于非洲、欧洲都被视为珍品。汉通西域以后，中亚及西亚各地崇尚衣着丝绸，各地庙宇也大量使用丝绸装饰，安息、塞陆古和托勒密的王侯王妃更是趋之若鹜。在罗马帝国时期的欧洲，中国丝绸风靡一时。从君士坦丁堡到罗马，从皇帝、元老院元老以至于权贵之家，都以能穿上中国丝绸为荣。西方人统称为"丝绸"的产品，其实可细分为纱、罗、绫、绢、缎等十几种丝织品，其中最高级的奢侈品就是锦。用只有头发丝 1/10 粗细的蚕丝编织出纹样，古时也只有皇室贵族、达官贵人才能使用，因此有"寸锦寸金"的说法。

　　这一块"宋米黄地八答晕纹蜀锦"，是四川博物院馆藏蜀锦年代最早的一件藏品。八答晕锦又名"天花锦""宝照锦"，流行于宋、元、明、清时期，是在圆形、菱形、方形或多边形等各类几何骨架上搭配起来的一种组合纹样，团窠中配置如意、莲花等纹饰，骨架地上铺以万字、回纹、连线、龟背、鱼肠、锁纹、盘绦等图案。这些图案与我国宫殿和寺庙建筑中的彩绘装饰同出一脉，也与敦煌藻井图案类似，可以说是中华民族装饰图案在锦缎上的艺术体现。另外，蜀锦来源于蜀地，而蜀地又是道教的发源地。蜀锦受道教阴阳五行的影响，主色调以赤、黄、青、白、黑五行色为主，橙、紫为间色，红灰、黄灰、青灰为复色，其余为补色。蜀锦的配色至少两种，多则二十种。此件"宋米黄地八答晕纹蜀锦"在图案和色彩上正具有典型特征：基底米黄色，其中花纹由橙、绿、蓝等色组成，故意压低饱和度，与米黄色调保持协调一致。锦面主要为圆形和方形的团窠纹，以两条直线纹将其连通，团窠中配以如意、花瓣等纹饰，空隙处填花卉、蝴蝶、暗八仙等吉祥图案。此锦整体规划严谨，简中有繁，色调丹碧玄黄，五光十色，呈现出典雅庄严的气派，达到了锦类布色极高的艺术境界。

2006年，有着2000多年历史的"蜀锦织造技艺"被国务院列入首批"国家级非物质文化遗产名录"。随着国家实力的提升，传统文化的价值获得更多珍视。越来越多的人关注蜀锦的精美，也有很多爱好者加入学习这项古老技艺的队伍中，希望美轮美奂的蜀锦能够在将来继续传承下去，并发扬光大。

（王伊韵）

明代龙首蟠螭纹白玉带钩

精雕细琢 玲珑华丽

带钩是中国传统服饰中的重要组成部分，在等级分明的社会中，很大程度上彰显着主人的身份地位。四川博物院收藏的明代龙首蟠螭纹白玉带钩，精美细腻，极具欣赏价值。

　　带钩，也叫"犀毗""革带钩"，是古代人们用以束系革带之物，其作用类似于现代人们的皮带扣。除此之外，古代的带钩还有悬挂配饰的作用，兼具实用与装饰的双重功能。最早的带钩出现于良渚文化时期，器型多呈长方形，钩身扁平，通体素面无纹饰，一端有孔，可穿绳结系，另一端呈弯钩状，钩头向内弯曲，末端稍尖圆，可钩系腰带，造型与后来的带钩略有不同。带钩鼎盛于春秋战国时期；汉代以来奢靡风尚日盛，加之手工业的快速发展，带钩的纹饰愈加多样，造型也较战国时丰富；魏晋时期流行褒衣博带式的服饰，文人雅士以之表现自己的潇洒超脱，带钩便因此失去用武之地而急剧衰落；明清时期，复古风尚流行，带钩再次进入人们

龙首螭虎纹白玉带钩

明（1368—1644）

长13.3厘米，宽2.5厘米，高2.3厘米

四川成都静居寺出土

的生活，但多作为仿古的玩赏物，均以玉或翡翠为质，多成对出现，被作为一种古文化而流传。

带钩的材质十分丰富。带钩出现伊始，即以青铜铸造居多，也有以金、银、铁、玉等制成的。其中，玉质带钩一直是较为珍贵的一类，早期一般也只有贵族才能拥有和使用。玉带钩一般由钩首、身、纽三部分组成，钩首位于器之一端并向上弯曲成钩，钩身正面为钩面，多有纹饰，钩身一般

明代龙首蟠螭纹白玉带钩

有一纽，纹饰以兽纹、龙纹、虎纹、蟠螭纹、鸟纹、卷云纹、几何纹等较为常见。

四川博物院收藏的这件明代龙首蟠螭纹白玉带钩，质地温润细腻，白玉质，有油脂感，局部有黄褐色沁。雕工简洁有力，钩首雕刻龙首图案，龙首嘴部外扩微张，眼睛突出外瞪，额部隆起，两角突出于额头之上。钩体造型若琵琶，较宽，微呈弧形，其上雕刻一条蟠螭，蟠螭做爬行状，双耳竖起,毛发后扬飘逸。苍龙在上,威严慈爱,蟠螭在下,昂首欲飞,两龙相视,组成"苍龙教子"的图案寓意,流露出浓浓的父子亲情。

螭,是我国传说中的神兽,蟠螭,又名螭龙、螭虎,生得虎形龙相,相传是龙与虎的儿子,为龙之九子之一。螭虎在中华民族的古老文化中代表神武、力量、权势。螭虎在汉、魏、元、明、清一直使用,唯唐宋略少。《说文解字》释曰:"螭,谓之地蝼,从虫,离声,或云无角曰螭。"螭龙纹最早出现在青铜器和陶器图案中,在春秋战国时期也出现在玉器上作为装饰纹样。螭,或螭首,嘴大,肚子能容纳很多水,在建筑中多用于排水口的装饰,称为"螭首散水"。而螭吻、鸱吻、鸱尾其实就是一回事,口阔嗓粗而好吞之,与螭首功能有所区别。例如置于殿脊两端作为吞脊兽,是取其灭火消灾的功能。当然,鸱尾原型还有是鸟和传说中海上鲸鱼的说法。此件带钩上的螭虎,肌肉健硕有力,背脊处很形象地雕琢突出的骨节,极具写实特点。

玉器在中国传统文化中被赋予了厚重的文化内涵,它既寄托了人们的精神信仰又是物质财富的象征。文人雅士受"君子比德如玉""君子无故,玉不去身""君子温其如玉,故君子贵之也""君子必佩玉"等传统观念的影响,常常以玉自比。早期的玉器具有一种神秘的色彩,这源于其使用时的制度化,因为在汉代以前,玉器通常被作为礼器祭天礼地,同时葬玉制度的流行,使它远离世俗。从隋唐开始,随着社会经济的发展,玉器在日常生活中被应用得越来越多,于是逐渐摆脱了神秘感,变得世俗化,充满了浓厚的生活气息。

这件玉带钩出自成都市东门外静居寺一座明墓中，根据同时出土的买地券记载，该墓主是明嘉靖二十五年（1546）蜀王府中贵官刘崇羲。明代，朱元璋为了防范元朝的残余势力，维护皇权的核心地位，在明初就开始模仿前朝推行分封制，意图以血缘关系作为纽带和基础，借助诸王的力量来拱卫京师。他分封诸皇子为亲王，并制定了一套严格的封藩制度，这一制度后来被明朝历代皇帝奉为万世不变的祖训。明代蜀藩就位于成都，从第一代蜀王，即朱元璋第十一子朱椿开始，共历经十五代，直到明朝灭亡。嘉靖二十五年，正是蜀成王朱让栩在位期间。这一时期的玉雕随着社会的发展变化进一步世俗化，加之受道教、民俗信仰以及中国传统祈求神灵保佑等思想的影响，使得以龙、凤、螭虎、甪端等瑞兽异禽的吉祥图案大为流行。

这件玉带钩雕琢精美，在当时的时代背景下，其所具备的实用性已被赏玩性替代，它在官宦贵族和文人雅士的把玩之间，尽显其华美玲珑。

（刘舜尧）

明南渎大江神、二神妹铜像

晓来一雨过池塘 江渎祠前馆宇凉

远古先民，面对突如其来的自然灾害，逐渐形成一种原始的自然崇拜。浸润区域、生养万物的河流均被赋予了神的地位，四川成都江渎祠保存的明南渎大江神、二神妹铜像，雕琢精致，是四川博物院明代铜像中的精品。

　　在远古先人的思想里，名山大川皆有神灵，人们祭祀它，可求"灾祸不至，所求不匮"。渎，泛指河川。《尔雅·释水》："江河淮济为四渎。四渎者，发原（源）注海者也"。《释名·释水》："天下大水四，谓之四渎，江、河、淮、济是也。渎，独也，各独出其所而入海也"。在中国古代，长江、黄河、淮河、济水四条通向大海的大河总称为"四渎"。

　　长江在四渎中称为"江渎"，因其位置最南，所以又称"南渎"。四渎水神，以水名加上方位来称谓：西渎大河之神、北渎济水之神、东渎淮水之神、南渎大江之神。宋代陈旸说："山莫大于五岳，川莫大于四渎""五岳宗山，四渎长川，皆有功于民，祀典所不废也"。对四渎的

南渎大江神铜像

明（1368—1644）
座宽187.4厘米，高288.6厘米
拨交

祭祀，一直是古代各王朝的重要祭典。在我国河流崇拜的历史上，长江之神——江渎神作为四大河神之一，官方与民间对其的祭祀活动已有几千年的历史。宋陈旸在《乐书》中说"立夏祭江渎"，可见立夏之日是每年祭祀江渎神的时候。

四川博物院珍藏的明南渎大江神及二神妹的铜像，来源于成都江渎祠。

南渎大江神像坐在长方形亚腰云腿铜杌凳上，居于两尊神妹神像中间。头戴发冠，双耳垂肩，面部饱满圆润；身穿圆领宽袖长袍，胸前、后背及两肩饰葵形图案，葵形纹内饰海水龙纹，腰上系龙纹带；脚上穿六和靴；右手搭于左手上，仰放于腹前。杌凳从上至下依次饰双云龙戏珠图、几何纹、草叶纹、卷云纹和双马云纹图、波浪纹。神像的左后肘有一段铭文，记载神像为明成化六年（1470）蜀王造。

关于长江之神，在四川有一个民间传说。据说黄帝时期，有个叫奇相的女子盗了黄帝的玄珠，后来自沉于江中，成了长江之神。而今我们见到的这尊江渎神像，无论面容与衣饰，明显为男性，与传说相去甚远。

两尊神妹铜像坐于长方形亚腰云腿铜杌凳上，杌凳较江渎神的略小。两尊神妹形体大小、衣着和纹饰均相似。神妹头梳双髻，耳戴花环。内着短衣花边长裙，腰系凤纹带和蝴蝶结云纹图案绶带，外披圆领宽袖长袍，上加霞帔。短衣的胸前、后背，长袍的肘部，衣袖处均饰有团云凤纹图案，肩膀处饰如意云肩。霞帔上饰有花朵纹飘带，袖口为荷叶形。小足着靴。双手掩在宽袖中交于腹部。杌凳从上至下依次装饰草叶纹、几何纹、双马云纹、波浪纹和几何纹。一神妹左手臂刻有铭文："渎祠寝殿。神像岁以倾垫成化六年季冬月吉日，蜀王命承奉正宋景□其务□□□□永和董兵□，南明园大起炉冶□新铸造。南渎大江之神一位，神妹二位，金童玉女四躯并……"我们根据上述铭文，可知这三座神像是明代成化六年由蜀王下令铸造的。从铭文内容来看，当时铸造的除了江渎神和二位神妹之外，还有四座金童玉女像，可惜金童玉女像现在已不知所踪了。

据《史记》《汉书》等文献记载，古人对江渎在内的河川的崇拜早已存在，但直至秦兼并天下后封禅名山大川时，才有了祭祀河川的庙祠，自此，始有专门祭祀江渎神的江渎祠。自秦代起，蜀地历代国家正式祭典的江渎祠基本都在成都。《尚书·禹贡》中有"岷山导江"的记载；《山海经》也说"岷山，江水出焉"。古人认为岷江是长江的正源（历代古地学家一直认为岷江为长江源头，直至明代，徐霞客实地考察后，才确认金沙江乃长江的正源），而成都是长江由发源地流出后的第一座大城市，因此把江渎祠设在成都。除成都外，在岷江上游的茂州（今四川省阿坝藏族羌族自治州茂县），湖北沙市（今湖北省荆州市沙市区）和归州（今湖北省宜昌市秭归县）历代都曾建有江渎祠，但这几处江渎祠都为民间所建。

秦汉时期蜀地的江渎祠的具体位置已经不可考。据唐《括地志》记载，"江渎祠在益州成都县南八里"，其后历经唐末战乱、宋元战火及江水改道，有过多次修缮，但一直祭祀不辍。据考，当时的江渎祠位于城南锦江之滨，至明清始迁至城内。史载，明朱元璋曾下诏去除对江河大川的封号，

神妹铜像一

明（1368—1644）
座宽104.4厘米，高236.5厘米
拨交

恢复它们的本来名称。成都锦江之滨的江渎祠自然不能幸免，庙宇被拆除，庙内的塑像也全部被捣毁。直到明宪宗朱见深即位后，又下令恢复对江河的封号，成都的江渎祠这才得以在成化六年在城内择址进行重建，并用铜铸造了江渎神及两位神妹的塑像。

清末民初，废庙兴学之风兴起，江渎祠被毁。江渎祠虽遭废弃，但庙

神妹铜像二

明（1368—1644）
座宽106.7厘米，高231厘米
拨交

中这三座青铜像留存了下来，成为四川博物院的国家一级藏品。据《成都通览》一书记载，在江渎祠中，蜀王府承奉司还命工匠铸造了"铜钟、铁炉、铁香鼎、铁花瓶、铁莲炬"等，这其中的铁花瓶、铁莲炬等也一并收藏于四川博物院。

（张丽华）

清代四川皮影

灯影里跳动的精灵

"一口道尽千古事，双手挥舞百万兵""三尺生绢做戏台，全凭十指逞诙谐"。皮影，给工业时代以前的中国民众带去了奇幻般的娱乐生活。四川博物院收藏的清代四川皮影，生动鲜活，给我们展示了当时四川高超的皮影制作技艺。

　　皮影，是影戏的一种，它集音乐、唱腔、雕刻、绘画、演技和文学为一体，也是历史悠久、流传很广的民间艺术。四川人称皮影为"灯影戏""灯影儿""皮灯影儿"等，这与皮影戏的表演形式和演出道具有一定关系。皮影戏的演出形式简便灵活，只需一个戏箱和演员即可。演出时要先在空地上搭起一座表演台，四周用布幔围起，前台边缘放一个长条案子，案上架起影窗，利用灯光将皮制的人物、走兽、器物等投射到幕布上并结合故事情节来进行表演。在小小的影幕里，不仅可将故事情节演得惟妙惟肖，还可以表现当时普通的戏曲舞台上无法实现的内容，如上天入地，飞沙走石等。皮影戏融会了声、光、影，是一种"多媒体"艺术形式，类似于当代上映的电影，以此娱乐大众。

四川皮影戏的类型很多，据说有"川灯影""陕灯影""成都灯影""川北灯影"等。其表现的人物角色数不胜数，包括帝王将相、侠客武士、宫妃女眷、将领兵卒、差役村夫、妖魔鬼怪、神仙道士等，这些人物的造型都是按照戏剧里生旦净末丑的行当来设计制作的，并且作脸谱化刻画以能明显区别忠奸、邪恶、孝义、刚勇、憨厚、草莽、灵怪等人物特质。

四川博物院收藏的这几套皮影，均用色泽白亮的牛皮彩绘镂雕制成，制作精美，刀法高超，造型生动明快，眉目勾勒都很能突出性格特点。他们分别展示了《白蛇传》《长生殿》《西游记》《王宝钏》等剧本内容。其中，唐明皇、王丞相的造型更是体现了成都灯影戏的鲜明特点，影偶普遍高大，通长 60.5 厘米，通宽 25 厘米，通高 60 厘米；头帽分离，手掌与手指分离，可以灵活抓拿，姿势自然。北方皮影人的胡须是同头面连接的皮雕硬须，而这两件成都灯影用马尾扎成髯口，使影人更加生动，并且能通过胡须做更多的动作。这几件皮影无论是古灵精怪的小青、英俊清秀的许仙、身手敏捷的孙悟空，还是憨厚老成的沙和尚，都鲜艳明亮，形象生动，能看到蜀锦刺绣、四川年画的影子。

关于皮影的起源，部分学者认为时间应为汉代，《汉书·外戚传》中讲述汉武帝思念死去的李夫人的故事："李夫人少而早卒……上（武帝）思念李夫人不已，方士齐人少翁言能致其神。乃夜张灯烛，设帷帐，陈酒肉，而令上居他帐，遥望见好女如李夫人之貌，还帷坐而步。又不得就视，

法海皮灯影

清（1636—1911）
通长55厘米，通宽25厘米
征集

白蛇皮灯影

清（1636—1911）
通长55厘米，通宽25厘米
征集

许仙皮灯影

清（1636—1911）

通长55厘米，通宽25厘米

征集

小青皮灯影

清（1636—1911）

通长55厘米，通宽25厘米

征集

杨贵妃皮灯影

清（1636—1911）
通长55厘米，通宽25厘米
征集

唐明皇皮灯影

清（1636—1911）
通长55厘米，通宽25厘米
征集

王丞相皮灯影

清（1636—1911）
通长55厘米，通宽25厘米
征集

王宝钏皮灯影

清（1636—1911）
通长55厘米，通宽25厘米
征集

唐僧皮灯影

清（1636—1911）
通长55厘米，通宽25厘米
征集

孙悟空皮灯影

清（1636—1911）
通长55厘米，通宽25厘米
征集

猪八戒皮灯影

清（1636—1911）
通长55厘米，通宽25厘米
征集

沙和尚皮灯影

清（1636—1911）
通长55厘米，通宽25厘米
征集

上愈益相思悲感，为作诗曰：'是邪，非邪？立而望之，偏何姗姗其来迟！'令乐府诸音家弦歌之。"也有部分学者认为皮影起源于北宋。北宋初期，社会比较安定，当时的政治中心汴梁，手工业和工商业经济发展稳定，相继出现了"百伎竞艺"的演出场所——勾栏、瓦舍，为影戏的形成和发展提供了物质条件。宋代人写的诸多著作中，均记载着影戏在北宋都城汴梁的活动情况。

皮影又是如何在四川地区兴起的呢？明末清初时，张献忠农民起义军将湖北地区的皮影带到了川北地区；清初，吴三桂的军队又将云南皮影带到了四川。从明末清初到乾隆年末，四川原有的皮影与外来的皮影经过一个半世纪的交流和融合，形成了"土灯影"。清朝中晚期，以土灯影为基础，又结合了陕西"渭南影子"的雕刻特点，创作了有四川特色的四川皮影。清嘉庆以后逐渐形成了三类新型影戏，即北川皮影、成都灯影戏和纸灯影。近代则有"中国影戏有北影和南影之分，北影以滦州影戏为代表，南影以四川影戏为魁首"的说法。

我们看到的四川博物院收藏的这几件藏品，巧妙精致、生动逼真，都以静默的姿态，散发着皮影的艺术之光。然而皮影之所以让人着迷，并非仅仅是因为皮影本身，更重要的是在尚未出现电视、电影的时代，它们曾在一小方天地里，借助光与影的交融，为人们带去了无尽的快乐。因此，皮影需要放在各种不同的剧本中，配合着月琴、二弦以及各种唱腔等，将人物感情、歌舞、动作展现在人们面前，去上演一出出精彩的折子戏。

这几件皮影当年在舞台上表演的情景已经无法重现，但却无时无刻不在勾起我们那些久远却清晰的记忆：每逢重大节日或者特殊日子，当夜幕降临时，人们端着凳子来到某个街角巷头，安安静静坐成排，灯光一亮，皮影老艺人一边双手挑线操纵皮影人物，一边用带有浓厚乡音的曲调唱述故事，抑扬顿挫的唱腔洋洋盈耳。在他十个指头灵活的拨弄下，这些皮影一会儿双枪对打，一会儿纵马飞奔，一会儿跺脚呐喊助威，一会儿生离死别，台下观众如痴如醉，随着剧情或激动，或欣喜，或潸然泪下。

　　皮影，这种古老、传统的娱乐方式随着现代社会的不断发展慢慢地被人们遗忘，制作皮影的技艺、演艺皮影戏的戏班子也都渐渐地湮没在社会发展的洪流中，唯有曾经跳动在光影中的这些精灵，默默地述说着曾经的热闹和繁华。

（刘舜尧）

现代张大千临摹敦煌壁画

三年面壁 千年传承

敦煌莫高窟，一个穿越千年的地方，见过她真面目的人无不流连忘返。近代艺术全才张大千，在艰苦卓绝的沙海中，用三年的时间来临摹壁画，最终形成自己独特的画风，并创立了『敦煌画学』。

四川博物院有一批绚丽夺目的"镇馆之宝"，常年吸引着无数的艺术爱好者慕名来观——它们就是张大千于20世纪40年代所临摹之敦煌壁画，后经由其家属捐赠予四川博物院收藏。

《现代张大千临摹北魏三世佛图轴》正为捐赠品之一。画作为绢本，临摹于敦煌莫高窟第263窟右壁后部中层。三世佛是指过去、现在、未来三佛。左边的一尊是过去世的迦叶佛；中间的一尊是现在世的释迦佛；右边的一尊是未来世的弥勒佛。图中三佛并立，锥髻，各着右袒袈裟，做说法状。两侧菩萨着宝冠天衣长裙，体态优美。上部两飞天巾带回环缭绕，显现出轻捷的飞动感。中间一尊上有树形帷幔，左右两佛上有华盖。两侧二胁侍菩萨，头

《张大千临摹北魏三世佛图轴》

现代

纵97.1厘米，横178.6厘米

张大千家属捐赠

戴宝冠，上身半裸着天衣，腰系长裙。菩萨上方有飞天。此图色彩典丽，线描工整，晕染与墨线结合紧密，菩萨、飞天的组合既对称而又富有变化。

《现代张大千临摹五代·水月观音图轴》，布本，临摹于敦煌榆林第2窟西壁门南侧，原作壁画为西夏时期所绘。水月观音为观音三十三身之一的辟支佛身像之俗称，因其画作观水中月影状而得名水月观音。此幅画画面景色静谧，月光之下，透出水天通明，烘托出观音超凡仙逸之态：观音似被月光包围，头戴宝冠，束高髻，长发披肩，披天衣，佩璎珞飘带，下着红裙，赤足，左手扶膝，右手抬起，倚石壁呈斜靠之态，其举头望月，面容丰满，慈目安详。观音所倚山石后有青竹数株，苍翠挺拔，左侧身旁放净瓶柳枝，画面近端水面微泛涟漪，水边荷叶浮动，挺立红莲数朵。远处童子踏云涛，佩璎珞飘带，双手合十，灵动而至。画面亦动亦静，以绿色、青色为主，山石、祥云间以朱红、黄色搭配点缀，整体给人以飘逸闲适的仙境之感。

张大千（1899—1983），四川内江人，是近现代中国画坛名望显赫且享有国际声誉的国画大师。其一生致力于传统绘画艺术的传承与发展，早期专心研习古人书画，集传统之大成；晚年将重彩水墨融为一体，开创了新的艺术风格。大千先生是一个艺术全才，绘画、书法、篆刻、诗词都有所成，其创作风格多样，题材丰富。他与溥心畬并称为"南张北溥"；与黄君璧、溥心畬并称"渡海三家"。徐悲鸿尊其为"五百年来第一人"。他是中国乃至世界文化史、艺术史上的一座丰碑。

大千先生素来崇佛甚笃。他曾于二十岁出家，后来还俗仍沿用其法号

《张大千临摹五代水月观音图轴》

现代

纵140.8厘米，横144.5厘米

张大千家属捐赠

"大千"，自名"大千居士"。1941年春，大千先生携弟子和家人来到敦煌，于人迹罕至的戈壁沙漠，殚精竭虑，面壁三年，临摹了276幅敦煌壁画，目前四川博物院藏有183件，台北故宫博物院藏有62件。另有大千先生临摹这批壁画的300余幅白描画稿也保存在四川博物院。他遍临北朝、唐、五代、宋、西夏等时期壁画，所涉及的题材主要有佛说法图、佛传图、本生图、菩萨图、经变图，以及供养人像、藻井等装饰图案等。在当时极其艰苦的环境下，张大千对这座艺术宝库进行深入的研究，其作品还原了壁画的清晰影像以及绚丽的色泽，人物形神兼备，充盈着生命的质感。他的敦煌之行，不仅促进了敦煌学成为显学，而且极大推动了对中国绘画艺术渊源的追溯与重视、继承与发扬，创立了中国艺坛的"敦煌画学"。他以其传统艺术的扎实功力与极高领悟力，从敦煌艺术宝库中汲取营养，形成了独具自身特色的画风。

20世纪40年代，张大千临摹的这批壁画有着极高的艺术价值。1943年到1944年，在兰州、成都、重庆、上海等地一经展出，便引起轰动。有许多人重金欲购，均被大千先生婉拒。1955年6月，其家属将183件临摹敦煌壁画和300余件白描画稿捐赠给四川博物院，这批重要捐赠使四川博物院成为国内收藏大千先生绘画作品最多的博物馆，四川博物院为其开设专馆，长期展出。多年来，这批重要藏品不断地参加各种展览，足迹遍布国内多个地区，甚至远至海外，将如此精粹的文化传播到了各地，影响深远。

（王伊韵）